Sabores da Espanha

Receitas Autênticas e Histórias Fascinantes do País das Tapas

Lucia Rodriguez

TABELA DE CONTEÚDO

BERINGELAS MARINADAS 24
- INGREDIENTES 24
- ELABORAÇÃO 24
- TRUQUE 25

BABY BEAN SCRAMBLE COM PRESUNTO SERRANO 26
- INGREDIENTES 26
- ELABORAÇÃO 26
- TRUQUE 26

TRINXAT 27
- INGREDIENTES 27
- ELABORAÇÃO 27
- TRUQUE 27

BRÓCOLIS GRATINADO COM BACON E MOLHO AURORA 28
- INGREDIENTES 28
- ELABORAÇÃO 28
- TRUQUE 28

CARTAS COM CAMARÕES E AMÊXULAS EM MOLHO VERDE 29
- INGREDIENTES 29
- ELABORAÇÃO 29
- TRUQUE 30

CEBOLA CARAMELIZADA 31
- INGREDIENTES 31
- ELABORAÇÃO 31

TRUQUE 31
COGUMELOS RECHEADOS COM PRESUNTO SERRANO E MOLHO PESTO 32
    INGREDIENTES 32
    ELABORAÇÃO 32
    TRUQUE 32
COUVE-FLOR COM ALHO 33
    INGREDIENTES 33
    ELABORAÇÃO 33
    TRUQUE 33
COUVE-FLOR RALADA 34
    INGREDIENTES 34
    ELABORAÇÃO 34
    TRUQUE 34
DUXELLE 35
    INGREDIENTES 35
    ELABORAÇÃO 35
    TRUQUE 35
ENDÍVIAS COM SALMÃO DEFUMADO E CABRALES 36
    INGREDIENTES 36
    ELABORAÇÃO 36
    TRUQUE 36
LOMBARDA DE SEGÓVIA 37
    INGREDIENTES 37
    ELABORAÇÃO 37
    TRUQUE 37

SALADA DE PIMENTÕES ASSADOS 39
    INGREDIENTES 39
    ELABORAÇÃO 39
    TRUQUE 40
ERVILHAS FRANCESAS 41
    INGREDIENTES 41
    ELABORAÇÃO 41
    TRUQUE 41
CREME DE ESPINAFRE 43
    INGREDIENTES 43
    ELABORAÇÃO 43
    TRUQUE 44
FEIJÃO BABY COM SALSICHA BRANCA 45
    INGREDIENTES 45
    ELABORAÇÃO 45
    TRUQUE 45
FEIJÃO VERDE COM PRESUNTO 46
    INGREDIENTES 46
    ELABORAÇÃO 46
    TRUQUE 46
COMIDA DE CORDEIRO 48
    INGREDIENTES 48
    ELABORAÇÃO 48
    TRUQUE 49
MILLEFEUILLE DE BERINGELAS COM QUEIJO DE CABRA, MEL E CARIL 50

INGREDIENTES 50
ELABORAÇÃO 50
TRUQUE 50
BOLO DE ESPARGOS BRANCOS E SALMÃO DEFUMADO 52
INGREDIENTES 52
ELABORAÇÃO 52
TRUQUE 52
PIMENTÃO PIQUILLO RECHEADO COM MORCILLA AO MOLHO DE MOSTARDA DOCE 53
INGREDIENTES 53
ELABORAÇÃO 53
TRUQUE 53
CARDOS COM MOLHO DE AMÊNDOAS 55
INGREDIENTES 55
ELABORAÇÃO 55
TRUQUE 56
PISTO 57
INGREDIENTES 57
ELABORAÇÃO 57
TRUQUE 58
Alho-poró COM VINAGRETE DE VEGETAIS 59
INGREDIENTES 59
ELABORAÇÃO 59
TRUQUE 59
QUICHE DE ALHO-POR, BACON E QUEIJO 60
INGREDIENTES 60

ELABORAÇÃO 60

TRUQUE 61

TOMATES PROVENCAL 62

    INGREDIENTES 62

    ELABORAÇÃO 62

    TRUQUE 62

CEBOLAS RECHEADAS 63

    INGREDIENTES 63

    ELABORAÇÃO 63

    TRUQUE 63

CREME DE COGUMELOS COM NOZES 65

    INGREDIENTES 65

    ELABORAÇÃO 65

    TRUQUE 65

BOLO DE TOMATE E MANJERICÃO 66

    INGREDIENTES 66

    ELABORAÇÃO 66

    TRUQUE 66

COZIDO DE BATATA COM CURRY DE FRANGO 67

    INGREDIENTES 67

    ELABORAÇÃO 67

    TRUQUE 68

OVOS MOLE 69

    INGREDIENTES 69

    ELABORAÇÃO 69

    TRUQUE 69

BATATAS PARA A IMPORTÂNCIA 70
    INGREDIENTES 70
    ELABORAÇÃO 70
    TRUQUE 70

OVOS DE MOLLET COM BOLETO 72
    INGREDIENTES 72
    ELABORAÇÃO 72
    TRUQUE 73

BRAÇO DE BATATA E BRANCO 74
    INGREDIENTES 74
    ELABORAÇÃO 74
    TRUQUE 75

OMELETE PARA USAR COZIDO (ROPA VIEJA) 76
    INGREDIENTES 76
    ELABORAÇÃO 76
    TRUQUE 76

BATATAS RECHEADAS COM SALMÃO DEFUMADO, BACON E BERINGELA 77
    INGREDIENTES 77
    ELABORAÇÃO 77
    TRUQUE 78

CROQUETES DE BATATA E QUEIJO 78
    INGREDIENTES 78
    ELABORAÇÃO 78
    TRUQUE 78

BOAS BATATAS FRANCESAS 79

INGREDIENTES 79
ELABORAÇÃO 79
TRUQUE 79
OVOS FLORENTINOS 80
INGREDIENTES 80
ELABORAÇÃO 80
TRUQUE 80
ESFOLIADO DE BATATAS COM TAMBORIL E CAMARÕES 81
INGREDIENTES 81
ELABORAÇÃO 81
TRUQUE 82
OVOS DE ESTILO FLAMENCO 83
INGREDIENTES 83
ELABORAÇÃO 83
TRUQUE 83
TORTILLA PAISANA 84
INGREDIENTES 84
ELABORAÇÃO 84
TRUQUE 85
OVOS ASSADOS COM SALSICHAS E MOSTARDA 86
INGREDIENTES 86
ELABORAÇÃO 86
TRUQUE 86
OMELETE DE BATATA AO MOLHO 87
INGREDIENTES 87
ELABORAÇÃO 87

TRUQUE 88
PURRUSALDA 89
    INGREDIENTES 89
    ELABORAÇÃO 89
    TRUQUE 89
BATATAS ASSADAS 91
    INGREDIENTES 91
    ELABORAÇÃO 91
    TRUQUE 91
MISTURA DE COGUMELOS 92
    INGREDIENTES 92
    ELABORAÇÃO 92
    TRUQUE 92
OVOS NA CHAPA COM ANCHOVAS E AZEITONAS 93
    INGREDIENTES 93
    ELABORAÇÃO 93
    TRUQUE 94
BATATAS NO CREME COM BACON E PARMESÃO 94
    INGREDIENTES 94
    ELABORAÇÃO 94
    TRUQUE 95
OVOS COZIDOS 95
    INGREDIENTES 95
    ELABORAÇÃO 95
    TRUQUE 95
BATATAS ARRUGADAS 96

INGREDIENTES 96
ELABORAÇÃO 96
TRUQUE 96
OVOS ESCALHADOS COM COGUMELOS, CAMARÕES E TRIGUEROS 97
INGREDIENTES 97
ELABORAÇÃO 97
TRUQUE 98
SRAMBLE DE BATATA COM CHORIZO E PIMENTA VERDE 99
INGREDIENTES 99
ELABORAÇÃO 99
TRUQUE 99
BATATAS POBRES 100
INGREDIENTES 100
ELABORAÇÃO 100
TRUQUE 100
OVOS ESCALHADOS GRÃO-DUQUE 101
INGREDIENTES 101
ELABORAÇÃO 101
TRUQUE 102
BATATAS COM COSTELA 103
INGREDIENTES 103
ELABORAÇÃO 103
TRUQUE 104
OVOS FRITO EM PÃO 104
INGREDIENTES 104
ELABORAÇÃO 104

TRUQUE 105
BATATAS DE AVELÃ 105
    INGREDIENTES 105
    ELABORAÇÃO 105
    TRUQUE 105
Ovos Mollet 107
    INGREDIENTES 107
    ELABORAÇÃO 107
    TRUQUE 107
BATATAS A ESTILO RIOJANA 108
    INGREDIENTES 108
    ELABORAÇÃO 108
    TRUQUE 109
BATATAS COM CHOCOS 109
    INGREDIENTES 109
    ELABORAÇÃO 109
    TRUQUE 110
OMELETE DE CAMARÃO COM ALHO 111
    INGREDIENTES 111
    ELABORAÇÃO 111
    TRUQUE 111
BATATAS COZINHADAS COM BACALHAU 112
    INGREDIENTES 112
    ELABORAÇÃO 112
    TRUQUE 113
PURÉ DE BATATA 114

INGREDIENTES 114
ELABORAÇÃO 114
TRUQUE 114
OMELETE DE FEIJÃO COM MORCILLA 115
INGREDIENTES 115
ELABORAÇÃO 115
TRUQUE 115
SRAMBLE DE ALHOS DE ALHO E TRIGUEROS 116
INGREDIENTES 116
ELABORAÇÃO 116
TRUQUE 116
BATATA COZIDA COM NÍSCALE 117
INGREDIENTES 117
ELABORAÇÃO 117
TRUQUE 117
OMELETE DE BOLETO E CAMARÕES 119
INGREDIENTES 119
ELABORAÇÃO 119
TRUQUE 119
OVOS GRATINADOS 120
INGREDIENTES 120
ELABORAÇÃO 120
TRUQUE 120
OMELETE DE ABOBRINHA E TOMATE 121
INGREDIENTES 121
ELABORAÇÃO 121

TRUQUE 121
BATATAS REVOLCONAS COM TORREZNOS 122
    INGREDIENTES 122
    ELABORAÇÃO 122
    TRUQUE 123
OMELETE DE COGUMELOS E PARMESÃO 124
    INGREDIENTES 124
    ELABORAÇÃO 124
    TRUQUE 124
TAMBOR DE FRANGO COM UÍSQUE 125
    INGREDIENTES 125
    ELABORAÇÃO 125
    TRUQUE 125
PATO ASSADO 126
    INGREDIENTES 126
    ELABORAÇÃO 126
    TRUQUE 127
PEITO DE FRANGO VILLAROY 128
    INGREDIENTES 128
    ELABORAÇÃO 128
    TRUQUE 129
PEITO DE FRANGO COM MOLHO DE MOSTARDA E LIMÃO 130
    INGREDIENTES 130
    ELABORAÇÃO 130
    TRUQUE 131
GAUNETTE ASSADO COM AMEIXAS E COGUMELOS 132

INGREDIENTES 132

ELABORAÇÃO 132

TRUQUE 133

PEITO DE FRANGO VILLAROY RECHEADO COM PIQUILLOS CARAMELIZADOS COM VINAGRE DE MODENA 134

INGREDIENTES 134

ELABORAÇÃO 134

TRUQUE 135

PEITOS DE FRANGO RECHEADOS COM BACON, COGUMELO E QUEIJO 136

INGREDIENTES 136

ELABORAÇÃO 136

TRUQUE 137

FRANGO AO VINHO DOCE COM AMEIXAS 138

INGREDIENTES 138

ELABORAÇÃO 138

TRUQUE 139

PEITO DE FRANGO COM LARANJA E CASTANHA DE CAJU 140

INGREDIENTES 140

ELABORAÇÃO 140

TRUQUE 140

PERDIZ EM PICLETO 141

INGREDIENTES 141

ELABORAÇÃO 141

TRUQUE 141

FRANGO CACCIATORE 142

INGREDIENTES 142

ELABORAÇÃO 142

TRUQUE 143

ASAS DE FRANGO ESTILO COCA COLA 144

INGREDIENTES 144

ELABORAÇÃO 144

TRUQUE 144

FRANGO AO ALHO 145

INGREDIENTES 145

ELABORAÇÃO 145

TRUQUE 146

CHICKEN AL CHILINDRON 147

INGREDIENTES 147

ELABORAÇÃO 147

TRUQUE 148

CODORNIZ EM PICLETE E FRUTAS VERMELHAS 149

INGREDIENTES 149

ELABORAÇÃO 149

TRUQUE 150

FRANGO COM LIMÃO 151

INGREDIENTES 151

ELABORAÇÃO 151

TRUQUE 152

FRANGO SAN JACOBO COM PRESUNTO SERRANO, TORTA DEL CASAR E ARUCULA 153

INGREDIENTES 153

ELABORAÇÃO 153

TRUQUE 153

CURRY DE FRANGO ASSADO 154

INGREDIENTES 154

ELABORAÇÃO 154

TRUQUE 154

FRANGO AO VINHO TINTO 155

INGREDIENTES 155

ELABORAÇÃO 155

TRUQUE 156

FRANGO ASSADO COM CERVEJA PRETA 157

INGREDIENTES 157

ELABORAÇÃO 157

TRUQUE 157

PERDIZ DE CHOCOLATE 159

INGREDIENTES 159

ELABORAÇÃO 159

TRUQUE 160

QUARTOS DE PERU ASSADOS COM MOLHO DE FRUTAS VERMELHAS
.... 161

INGREDIENTES 161

ELABORAÇÃO 161

TRUQUE 162

FRANGO ASSADO COM MOLHO DE PÊSSEGO 163

INGREDIENTES 163

ELABORAÇÃO 163

TRUQUE 164
FILÉ DE FRANGO RECHEADO COM ESPINAFRE E MUSSARELA 165
    INGREDIENTES 165
    ELABORAÇÃO 165
    TRUQUE 165
FRANGO ASSADO NA CAVA 166
    INGREDIENTES 166
    ELABORAÇÃO 166
    TRUQUE 166
ESPETINHOS DE FRANGO COM MOLHO DE AMENDOIM 167
    INGREDIENTES 167
    ELABORAÇÃO 167
    TRUQUE 168
FRANGO NA PEPITORIA 169
    INGREDIENTES 169
    ELABORAÇÃO 169
    TRUQUE 170
GALINHA LARANJA 171
    INGREDIENTES 171
    ELABORAÇÃO 171
    TRUQUE 172
GALINHA ASSADA COM BOLETO 173
    INGREDIENTES 173
    ELABORAÇÃO 173
    TRUQUE 174
FRANGO SALTEADO COM NOZES E SOJA 175

INGREDIENTES 175

ELABORAÇÃO 175

TRUQUE 176

FRANGO A CHOCOLATE COM ALMEDRAS TORRADAS 177

INGREDIENTES 177

ELABORAÇÃO 177

TRUQUE 178

ESPETINHOS DE CORDEIRO COM PAPRIKA E VINAGRETE DE MOSTARDA 179

INGREDIENTES 179

ELABORAÇÃO 179

TRUQUE 180

FIN DE VITELA RECHEADA COM PORTO 181

INGREDIENTES 181

ELABORAÇÃO 181

TRUQUE 182

ALMOÇOS À MADRILEÑA 183

INGREDIENTES 183

ELABORAÇÃO 184

TRUQUE 184

BOCHECHAS COM CHOCOLATE 185

INGREDIENTES 185

ELABORAÇÃO 185

TRUQUE 186

TORTA DE PORCO CONFIT AO MOLHO DOCE DE VINHO 187

INGREDIENTES 187

ELABORAÇÃO...187

TRUQUE...188

COELHO AO MARCO...189

INGREDIENTES..189

ELABORAÇÃO...189

TRUQUE...190

ALMOÇOS AO MOLHO DE AVELÃ PEPITORIA............................... 191

INGREDIENTES.. 191

ELABORAÇÃO...192

TRUQUE...192

ESCALOPINHAS DE VITELA COM CERVEJA PRETA..........................193

INGREDIENTES..193

ELABORAÇÃO...193

TRUQUE...194

TRIPES A LA MADRILEÑA 195

INGREDIENTES..195

ELABORAÇÃO...195

TRUQUE...196

LOMBO DE PORCO ASSADO COM MAÇÃ E HORTELÃ....................197

INGREDIENTES..197

ELABORAÇÃO...197

TRUQUE...198

ALMOÇOS DE FRANGO COM MOLHO DE FRAMBOESA.................199

INGREDIENTES..199

ELABORAÇÃO.. 200

TRUQUE.. 200

ENSOPADO DE CORDEIRO 201
- INGREDIENTES 201
- ELABORAÇÃO 201
- TRUQUE 202

LEBRE CIVETA 203
- INGREDIENTES 203
- ELABORAÇÃO 203
- TRUQUE 204

COELHO COM PIPERRADA 205
- INGREDIENTES 205
- ELABORAÇÃO 205
- TRUQUE 205

ALMOÇOS DE FRANGO RECHEADOS COM QUEIJO AO MOLHO DE CURRY 206
- INGREDIENTES 206
- ELABORAÇÃO 207
- TRUQUE 207

BOCHECHAS DE PORCO EM VINHO TINTO 208
- INGREDIENTES 208
- ELABORAÇÃO 208
- TRUQUE 209

SEDA DE PORCO NAVARRA 210
- INGREDIENTES 210
- ELABORAÇÃO 210
- TRUQUE 210

CARNE ASSADA COM MOLHO DE AMENDOIM 211

INGREDIENTES 211

ELABORAÇÃO 211

TRUQUE 212

PORCO ASSADO 213

INGREDIENTES 213

ELABORAÇÃO 213

TRUQUE 213

JUNTO ASSADO COM REPOLHO 214

INGREDIENTES 214

ELABORAÇÃO 214

TRUQUE 214

COELHO CACCIATORE 215

INGREDIENTES 215

ELABORAÇÃO 215

TRUQUE 216

ESCALOPE DE CARNE A LA MADRILEÑA 217

INGREDIENTES 217

ELABORAÇÃO 217

TRUQUE 217

COELHO ASSADO COM COGUMELOS 218

INGREDIENTES 218

ELABORAÇÃO 218

TRUQUE 219

BERINGELAS MARINADAS

INGREDIENTES

2 berinjelas grandes

3 colheres de sopa de suco de limão

3 colheres de sopa de salsa fresca picada

2 colheres de sopa de alho amassado

1 colher de sopa de cominho moído

1 colher de sopa de canela

1 colher de sopa de páprica picante

Azeite de oliva

Sal

ELABORAÇÃO

Corte as berinjelas em fatias no sentido do comprimento. Polvilhe com sal e deixe em papel de cozinha durante 30 min. Enxágue com bastante água e reserve.

Deite um fio de azeite e sal sobre as rodelas de beringela e leve ao forno durante 25 minutos a 175 ºC.

Junte o restante dos ingredientes em uma tigela. Introduza as beringelas na mistura e mexa. Cubra e reserve na geladeira por 2 horas.

TRUQUE

Para que as beringelas percam o amargor, podem também ser imersas em leite com um pouco de sal durante 20 min.

BABY BEAN SCRAMBLE COM PRESUNTO SERRANO

INGREDIENTES

1 garrafa de favas baby em óleo

2 dentes de alho

4 fatias de presunto serrano

1 cebolinha

2 ovos

Sal e pimenta

ELABORAÇÃO

Escorra o óleo das favas em uma panela. Aqui, alourar a cebola cortada em pequenos pedaços, os alhos às rodelas e o presunto cortado em tiras finas. Aumente o fogo, acrescente as favas e refogue por 3 min.

À parte, bata os ovos e tempere. Deite os ovos sobre as favas e coelhe ligeiramente sem parar para retirar.

TRUQUE

Adicione um pouco de creme ou leite aos ovos batidos para torná-los mais doces.

TRINXAT

INGREDIENTES

1kg de repolho

1kg de batatas

100g de bacon

5 dentes de alho

Azeite de oliva

Sal

ELABORAÇÃO

Retire as folhas, lave a couve e corte em rodelas finas. Descasque e corte em quartos as batatas. Cozinhe tudo junto por 25 min. Retire e amasse bem quente com um garfo até obter um purê.

Refogue o alho fatiado e o bacon cortado em tiras em uma frigideira. Adicione à massa de batata anterior e doure por 3 minutos de cada lado, como se fosse uma omelete de batata.

TRUQUE

O repolho deve ser bem escorrido após o cozimento, senão o trinxat não vai dourar bem.

BRÓCOLIS GRATINADO COM BACON E MOLHO AURORA

INGREDIENTES

150 g de bacon em tiras

1 brócolis grande

Molho Aurora (ver secção de Caldos e Molhos)

Azeite de oliva

Sal e pimenta

ELABORAÇÃO

Frite bem as tiras de bacon em uma panela e reserve.

Divida o brócolis em maços e cozinhe em bastante água com sal por 10 minutos ou até ficar macio. Escorra e coloque em uma assadeira.

Coloque o bacon por cima do brócolis, depois o molho aurora e cozinhe gratinado em temperatura máxima até dourar.

TRUQUE

Para minimizar o cheiro de brócolis, adicione um pouco de vinagre à água do cozimento.

CARTAS COM CAMARÕES E AMÊXULAS EM MOLHO VERDE

INGREDIENTES

500 g de cardo cozido

2dl de vinho branco

2 dl de caldo de peixe

2 colheres de sopa de salsa fresca picada

1 colher de farinha

20 amêijoas

4 dentes de alho

1 cebola

Azeite de oliva

Sal

ELABORAÇÃO

Corte a cebola e o alho em pedaços pequenos. Frite lentamente por 15 min com 2 colheres de sopa de óleo.

Adicione a farinha e refogue por 2 min, mexendo sempre. Aumente o fogo, despeje o vinho e deixe reduzir completamente.

Regue com o caldo e cozinhe por 10 min em fogo baixo, mexendo sempre. Adicione a salsinha e tempere com sal.

Junte as amêijoas e os cardos previamente purgados. Tape e cozinhe 1 minuto até as amêijoas abrirem.

TRUQUE

Não cozinhe demais a salsinha para que ela não perca a cor e fique amarronzada.

CEBOLA CARAMELIZADA

INGREDIENTES

2 cebolas grandes

2 colheres de açúcar

1 colher de chá de vinagre de Modena ou Jerez

ELABORAÇÃO

Frite lentamente as cebolas cortadas em juliana, cobertas, até ficarem translúcidas

Descubra e cozinhe até dourar. Adicione o açúcar e cozinhe por mais 15 min. Banhe com o vinagre e cozinhe mais 5 min.

TRUQUE

Para fazer uma omelete com esta quantidade de cebola caramelizada, use 800 g de batatas e 6 ovos.

COGUMELOS RECHEADOS COM PRESUNTO SERRANO E MOLHO PESTO

INGREDIENTES

500 g de cogumelos frescos

150 g de presunto serrano

1 cebolinha finamente picada

Molho Pesto (ver secção de Caldos e Molhos)

ELABORAÇÃO

Pique finamente a cebolinha e o presunto. Brown-los lentamente 10 min. Deixe-os esfriar.

Limpe e retire o talo dos cogumelos. Frite-os em uma frigideira de cabeça para baixo por 5 min.

Recheie os cogumelos com o presunto e a cebolinha, coloque um pouco de molho pesto por cima e leve ao forno a 200ºC por cerca de 5 min.

TRUQUE

Não é necessário adicionar sal, pois o presunto e o molho pesto são levemente salgados.

COUVE-FLOR COM ALHO

INGREDIENTES

1 couve-flor grande

1 colher de sopa de páprica doce

1 colher de vinagre

2 dentes de alho

8 colheres de sopa de azeite

Sal

ELABORAÇÃO

Divida a couve-flor em molhos e cozinhe em bastante água com sal por 10 minutos ou até dourar.

Frite o alho e doure no azeite. Retire a panela do fogo e acrescente a páprica. Refogue por 5 segundos e acrescente o vinagre. Tempere com sal e regue com o molho.

TRUQUE

para que a couve-flor cheire menos quando cozida, adicione 1 copo de leite à água.

COUVE-FLOR RALADA

INGREDIENTES

100 g de parmesão ralado

1 couve-flor grande

2 gemas

Molho Bechamel (ver secção de Caldos e Molhos)

ELABORAÇÃO

Divida a couve-flor em molhos e cozinhe em bastante água com sal por 10 minutos ou até dourar.

Junte ao molho bechamel (depois de retirado do lume) continuando a bater as gemas e o queijo.

Coloque a couve-flor em uma assadeira e regue com o molho bechamel. Gratinar em temperatura máxima até que a superfície fique dourada.

TRUQUE

Quando o queijo ralado e as gemas são adicionados ao béchamel, ele se torna um novo molho chamado Mornay.

DUXELLE

INGREDIENTES

500g de cogumelos

100g de manteiga

100 g de cebolinha (ou cebola)

Sal e pimenta

ELABORAÇÃO

Limpe e corte os cogumelos em pedaços o mais pequenos possível.

Refogue a cebolinha cortada em pedaços bem pequenos na manteiga e acrescente os cogumelos. Refogue até perder completamente o líquido. Temporada.

TRUQUE

Pode ser um acompanhamento perfeito, um recheio ou mesmo um primeiro prato. Duxelle de Cogumelos com Ovos Escalfados, Duxelle de Peito de Frango Recheado, etc.

ENDÍVIAS COM SALMÃO DEFUMADO E CABRALES

INGREDIENTES

200g de creme

150g de salmão defumado

100 g de queijo cabrales

50 g de nozes sem casca

6 corações de endívia

Sal e pimenta

ELABORAÇÃO

Retire as folhas das endívias, lave bem com água fria e mergulhe-as em água gelada por 15 min.

Misture o queijo, o salmão cortado em tiras, as nozes, as natas, o sal e a pimenta numa tigela e recheie as endívias com este molho.

TRUQUE

Lavar as endívias em água fria e mergulhá-las em água gelada ajuda a tirar o amargor.

LOMBARDA DE SEGÓVIA

INGREDIENTES

40 g de pinhões

40 g de passas

1 colher de sopa de páprica

3 dentes de alho

1 repolho roxo

1 maçã pequena

Azeite de oliva

Sal

ELABORAÇÃO

Retire o caule central e as folhas externas do repolho roxo e corte em juliana. Tire o caroço da maçã sem retirar a casca e corte-a em quartos. Cozinhe o repolho roxo, as passas e a maçã por 90 min. Escorra e reserve.

Corte o alho em rodelas e doure-os em uma panela. Adicione os pinhões e toste-os. Adicione a páprica e acrescente o repolho roxo com as passas e a maçã. Refogue por 5 min.

TRUQUE

Para evitar que a couve roxa perca a cor, comece a cozinhar com água a ferver e adicione um pouco de vinagre.

SALADA DE PIMENTÕES ASSADOS

INGREDIENTES

3 tomates

2 berinjelas

2 cebolas

1 pimentão vermelho

1 cabeça de alho

vinagre (opcional)

Azeite virgem extra

Sal

ELABORAÇÃO

Pré-aqueça o forno a 170ºC.

Lave as berinjelas, o pimento e os tomates e descasque as cebolas. Coloque todos os legumes em uma assadeira e regue com um fio generoso de óleo. Asse por 1 hora, virando de vez em quando para que asse por igual. Vá tirando conforme são feitos.

Deixe a pimenta esfriar, retire a pele e as sementes. Corte o pimento, a cebola e as berinjelas em juliana, também sem sementes. Retire, pressionando levemente, os dentes de alho da cabeça assada.

Misture todos os legumes numa tigela, tempere com uma pitada de sal e com o azeite da assadeira. Você também pode adicionar algumas gotas de vinagre.

TRUQUE

É conveniente fazer algumas incisões na pele da berinjela e do tomate para que não rebentem ao assar e assim descasquem com mais facilidade.

ERVILHAS FRANCESAS

INGREDIENTES

850 g de ervilhas limpas

250g de cebola

90 g de presunto serrano

90g de manteiga

1 l de caldo de carne

1 colher de farinha

1 alface limpa

Sal

ELABORAÇÃO

Refogue as cebolas cortadas em pedaços pequenos e o presunto picado na manteiga. Adicione a farinha e refogue por 3 min.

Despeje o caldo e cozinhe por mais 15 minutos, mexendo de vez em quando. Adicione as ervilhas e cozinhe 10 min em fogo médio.

Adicione a alface fina em juliana e cozinhe por mais 5 min. Coloque uma pitada de sal.

TRUQUE

Cozinhe as ervilhas descobertas para que não fiquem cinzas. Se uma pitada de açúcar for adicionada durante o cozimento, o sabor das ervilhas é realçado.

42

CREME DE ESPINAFRE

INGREDIENTES

¾ kg de espinafres frescos

45g de manteiga

45g de farinha

½ litro de leite

3 dentes de alho

Noz-moscada

Azeite de oliva

Sal e pimenta

ELABORAÇÃO

Faça um bechamel com a manteiga derretida e a farinha. Refogue lentamente por 5 minutos e acrescente o leite, mexendo sempre. Cozinhe por 15 min e tempere com sal, pimenta e noz-moscada.

Coza os espinafres em bastante água temperada com sal. Escorra, refresque e esprema bem para que fiquem completamente secos.

Pique o alho e frite no óleo por 1 min. Adicione o espinafre e refogue em fogo médio por 5 min.

Misture o espinafre com o molho bechamel e cozinhe, mexendo sempre, por mais 5 min.

TRUQUE

Acompanhe com uns triângulos tostados de pão de forma.

FEIJÃO BABY COM SALSICHA BRANCA

INGREDIENTES

1 garrafa de favas baby em óleo

2 dentes de alho

1 salsicha branca

1 cebolinha

Azeite de oliva

Sal

ELABORAÇÃO

Escorra o óleo das favas em uma panela. Doure a cebolinha e o alho, partidos em pequenos pedaços, neste óleo e acrescente a linguiça cortada em cubinhos.

Cozinhe por 3 minutos até dourar levemente. Aumente o lume, junte as favas e refogue mais 3 min. Coloque uma pitada de sal.

TRUQUE

Também pode ser feito com favas tenras. Para isso, cozinhe em água fria por 15 minutos ou até ficarem macios. Esfrie com água e gelo e descasque. Em seguida, faça a receita da mesma maneira.

FEIJÃO VERDE COM PRESUNTO

INGREDIENTES

600g de feijão verde

150 g de presunto serrano

1 colher de chá de páprica

5 tomates

3 dentes de alho

1 cebola

Azeite de oliva

Sal

ELABORAÇÃO

Retire os lados e as pontas dos feijões e corte em pedaços grandes. Cozinhe em água fervente 12 min. Escorra, refresque e reserve.

Corte a cebola e o alho em pedaços pequenos. Cozinhe lentamente por 10 min e adicione o presunto serrano. Refogue por mais 5 minutos. Adicione a páprica e os tomates ralados e refogue até perderem toda a água.

Adicione o feijão verde ao molho e cozinhe por mais 3 min. Coloque uma pitada de sal.

TRUQUE

O presunto serrano pode ser substituído por chouriço.

COMIDA DE CORDEIRO

INGREDIENTES

450 g de carne de borrego

200 g de feijão verde

150 g de favas descascadas

150g de ervilha

2 l de caldo de carne

2 dl de vinho tinto

4 corações de alcachofra

3 dentes de alho

2 tomates grandes

2 batatas grandes

1 pimenta verde

1 pimentão vermelho

1 cebola

Azeite de oliva

Sal e pimenta

ELABORAÇÃO

Pique, tempere e doure o cordeiro em fogo alto. Retirar e reservar.

Frite lentamente o alho e a cebola cortados em pedaços pequenos no mesmo óleo por 10 min. Adicione os tomates ralados e cozinhe até que a água evapore completamente. Adicione o vinho e deixe reduzir. Despeje o caldo, acrescente o cordeiro e cozinhe por 50 minutos ou até a carne ficar macia. Temporada.

À parte, noutra caçarola, salteie os pimentos cortados em cubos, as ervilhas, as alcachofras cortadas aos quartos, o feijão sem barbante e cortado em 8 pedaços e as favas. Despeje o caldo do cozimento do cordeiro e deixe ferver lentamente por 5 min. Adicione as batatas descascadas e cortadas em cubos. Cozinhe até ficar macio. Junte o borrego e um pouco do caldo da cozedura.

TRUQUE

Cozinhe as ervilhas destampadas para que não fiquem de cor cinza.

MILLEFEUILLE DE BERINGELAS COM QUEIJO DE CABRA, MEL E CARIL

INGREDIENTES

200 gr de queijo de cabra

1 berinjela

Mel

Curry

Farinha

Azeite de oliva

Sal

ELABORAÇÃO

Corte a berinjela em rodelas finas, coloque sobre papel absorvente e sal de ambos os lados. Deixe descansar por 20 min. Retire o excesso de sal, a farinha e frite.

Corte o queijo em fatias finas. Monte camadas de berinjela e queijo. Asse por 5 min a 160ºC.

Emprate e adicione 1 colher de chá de mel e uma pitada de caril a cada fatia de beringela.

TRUQUE

Ao cortar as beringelas e deixá-las com sal, elimina-se todo o amargor.

BOLO DE ESPARGOS BRANCOS E SALMÃO DEFUMADO

INGREDIENTES

400 g de espargos em conserva

200 g de salmão fumado

½ litro de creme

4 ovos

Farinha

Azeite de oliva

Sal e pimenta

ELABORAÇÃO

Bata todos os ingredientes até obter uma massa fina. Coe para evitar os fios dos aspargos.

Despeje em formas individuais previamente untadas e enfarinhadas. Asse a 170ºC por 20 min. Pode ser tomado quente ou frio.

TRUQUE

Um acompanhamento perfeito é uma maionese feita com folhas frescas de manjericão esmagadas.

PIMENTÃO PIQUILLO RECHEADO COM MORCILLA AO MOLHO DE MOSTARDA DOCE

INGREDIENTES

125ml de creme

8 colheres de mostarda

2 colheres de açúcar

12 pimentas piquillo

2 salsichas de sangue

pinhões

Farinha e ovos (para a cobertura)

Azeite de oliva

ELABORAÇÃO

Esfarele a morcela e doure-a junto com um punhado de pinhões em uma frigideira quente. Deixe esfriar e recheie os pimentões. Passe na farinha e no ovo e frite em óleo abundante.

Ferva o creme com a mostarda e o açúcar até engrossar. Sirva os pimentões com o molho picante.

TRUQUE

Tem que fritar os pimentões aos poucos e com óleo bem quente.

CARDOS COM MOLHO DE AMÊNDOAS

INGREDIENTES

900 g de cardo cozido

75 g de amêndoa granulada

50g de farinha

50g de manteiga

1 litro de caldo de galinha

1dl de vinho branco

1dl de natas

1 colher de sopa de salsa fresca picada

2 dentes de alho

2 gemas

1 cebola

Azeite de oliva

Sal e pimenta

ELABORAÇÃO

Frite lentamente as amêndoas e a farinha na manteiga por 3 min. Despeje o caldo de galinha sem parar de bater e cozinhe por mais 20 minutos. Junte as natas e fora do lume junte as gemas sem parar de bater. Temporada.

À parte, refogue no azeite a cebola e os alhos cortados em cubos pequenos. Junte os cardos, aumente o lume e regue com o vinho. Deixe reduzir completamente.

Adicione o caldo ao cardo e sirva com salsa por cima.

TRUQUE

Não aqueça demais o molho depois que as gemas estiverem incorporadas, para que não coagulem e o molho fique empelotado.

PISTO

INGREDIENTES

4 tomates maduros

2 pimentões verdes

2 abobrinhas

2 cebolas

1 pimentão vermelho

2-3 dentes de alho

1 colher de chá de açúcar

Azeite de oliva

Sal

ELABORAÇÃO

Escalde os tomates, retire a pele e corte-os em cubos. Descasque e corte as cebolas e as abobrinhas também em cubos. Limpe os pimentões e corte a carne em cubos.

Doure o alho e a cebola com um pouco de azeite por 2 min. Adicione os pimentões e continue a fritar por mais 5 minutos. Adicione a abobrinha e cozinhe mais alguns min. Por fim, adicione os tomates e cozinhe até perderem toda a água. Rectifique o açúcar e o sal e leve ao lume.

TRUQUE

Tomates enlatados esmagados ou um bom molho de tomate podem ser usados.

Alho-poró COM VINAGRETE DE VEGETAIS

INGREDIENTES

8 alhos-porós

2 dentes de alho

1 pimenta verde

1 pimentão vermelho

1 cebolinha

1 pepino

12 colheres de óleo

4 colheres de vinagre

Sal e pimenta

ELABORAÇÃO

Pique finamente os pimentões, a cebolinha, o alho e o pepino. Misture com azeite, vinagre, sal e pimenta. Remover.

Limpe o alho-poró e cozinhe-o em água fervente por 15 min. Retire, seque e corte cada um em 3 pedaços. Prato e molho com o vinagrete.

TRUQUE

Faça um vinagrete de tomate, cebolinha, alcaparras e azeitona preta. Gratine o alho-poró com mussarela e molho. Delicioso.

QUICHE DE ALHO-POR, BACON E QUEIJO

INGREDIENTES

200 g de queijo manchego

1 litro de creme

8 ovos

6 alhos-porós grandes limpos

1 pacote de bacon defumado

1 pacote de massa folhada congelada

Farinha

Azeite de oliva

Sal e pimenta

ELABORAÇÃO

Unte e enfarinhe uma forma e forre com massa folhada. Colocar papel alumínio e legumes por cima para evitar que cresçam e assar por 15 min a 185ºC.

Enquanto isso, refogue lentamente o alho-poró picado. Adicione o bacon também finamente dividido.

Junte os ovos batidos com as natas, o alho francês, o bacon e o queijo ralado. Tempere com sal e pimenta e coloque esta mistura por cima da massa folhada e leve ao forno a 165ºC durante 45 min ou até solidificar.

TRUQUE

Para verificar se a quiche está coalhada, pique o centro com uma agulha. Se sair seco é sinal que o bolo já está assado.

TOMATES PROVENCAL

INGREDIENTES

100g de farinha de rosca

4 tomates

2 dentes de alho

Salsinha

Azeite de oliva

Sal e pimenta

ELABORAÇÃO

Descasque e pique o alho em pedaços pequenos e misture com a farinha de rosca. Corte os tomates ao meio e retire as sementes.

Aqueça o óleo em uma frigideira e adicione os tomates com o lado cortado para baixo. Quando a pele começar a subir nas bordas, vire-a. Cozinhe por mais 3 minutos e coloque-os em uma assadeira.

Doure a mistura de pão e alho na mesma panela. Depois de tostado, polvilhe os tomates. Pré-aqueça o forno a 180 ºC e asse por 10 min, tomando cuidado para não ressecar.

TRUQUE

Geralmente é tomado como guarnição, mas também como prato principal acompanhado de mussarela levemente assada.

CEBOLAS RECHEADAS

INGREDIENTES

125 g de carne moída

125g de bacon

2 colheres de molho de tomate

2 colheres de farinha de rosca

4 cebolas grandes

1 ovo

Azeite de oliva

Sal e pimenta

ELABORAÇÃO

Refogue o bacon em cubos e a carne picada com sal e pimenta até perder a cor rosada. Adicione o tomate e cozinhe mais 1 min.

Misture a carne com o ovo e a farinha de rosca.

Retire a primeira camada das cebolas e suas bases. Cozinhe coberto com água por 15 min. Seque, retire o centro e recheie com a carne. Asse por 15 min a 175ºC.

TRUQUE

Um molho Mornay pode ser feito substituindo metade do leite pela água do cozimento das cebolas. Molho por cima e gratinado.

CREME DE COGUMELOS COM NOZES

INGREDIENTES

1kg de cogumelos mistos

250 ml de creme

125ml de aguardente

2 dentes de alho

nozes

Azeite de oliva

Sal e pimenta

ELABORAÇÃO

Doure o alho fatiado em uma caçarola. Aumente o lume e junte os cogumelos, limpos e cortados em tiras. Refogue por 3 min.

Regue com o conhaque e deixe reduzir. Despeje o creme de leite e cozinhe lentamente por mais 5 min. Esmague um punhado de nozes em um almofariz e despeje-as por cima.

TRUQUE

Uma boa opção são os cogumelos cultivados e até os desidratados.

BOLO DE TOMATE E MANJERICÃO

INGREDIENTES

½ litro de creme

8 colheres de sopa de molho de tomate (ver secção Caldos e Molhos)

4 ovos

8 folhas de manjericão fresco

Farinha

Azeite de oliva

Sal e pimenta

ELABORAÇÃO

Bata todos os ingredientes até obter uma pasta homogênea.

Pré-aqueça o forno a 170ºC. Distribua em formas individuais previamente enfarinhadas e untadas e leve ao forno por 20 min.

TRUQUE

É uma ótima opção para aproveitar o molho de tomate que sobrou de outra receita.

COZIDO DE BATATA COM CURRY DE FRANGO

INGREDIENTES

1kg de batatas

½ l de caldo de galinha

2 peitos de frango

1 colher de caril

2 dentes de alho

2 tomates

1 cebola

1 folha de louro

Azeite de oliva

Sal e pimenta

ELABORAÇÃO

Corte os peitos em cubos médios. Sal e pimenta e doure em óleo quente. Retire e reserve.

Refogue a cebola e os alhos cortados em cubos pequenos no mesmo azeite em lume brando durante 10 min. Adicione o curry e refogue por mais um minuto. Adicione o tomate ralado, aumente o fogo e cozinhe até o tomate perder toda a água.

Descasque e escorra as batatas. Jogue-os no molho e cozinhe por 3 min. Banhe com o caldo e a folha de louro. Cozinhe em lume brando até a batata estar cozida e tempere com sal e pimenta.

TRUQUE

Pegue um pouco de caldo e algumas batatas e amasse com um garfo até obter um purê. Coloque de volta no refogado e ferva por 1 minuto, mexendo sempre. Isso vai engrossar o caldo sem a necessidade de farinha.

OVOS MOLE

INGREDIENTES

8 ovos

Pão queimado

Sal e pimenta

ELABORAÇÃO

Coloque os ovos em uma panela coberta com água fria e sal. Ferva até a água ferver um pouco. Deixe no fogo por 3 min.

Retire o ovo e deixe esfriar em água e gelo. Quebre cuidadosamente a casca superior como um chapéu. Tempere com sal e pimenta e sirva com palitos de pão torrado.

TRUQUE

É importante durante o primeiro minuto que o ovo se mova para que a gema fique no centro.

BATATAS PARA A IMPORTÂNCIA

INGREDIENTES

1kg de batatas

¾ l de caldo de peixe

1 copo pequeno de vinho branco

1 colher de farinha

2 dentes de alho

1 cebola

Farinha e ovo (para a cobertura)

Salsinha

Azeite de oliva

ELABORAÇÃO

Descasque e corte as batatas em rodelas não muito grossas. Enfarinhe e passe pelo ovo. Frite e reserve.

À parte, refogue a cebola e os alhos partidos em pedaços pequenos. Adicione e refogue a colher de sopa de farinha e regue com o vinho. Deixe reduzir até quase secar e regue com o caldo. Cozinhe 15 min em fogo baixo. Tempere com sal e acrescente a salsinha.

Adicione as batatas ao molho e cozinhe até ficarem macias.

TRUQUE

Pode juntar uns pedaços de tamboril ou pescada e gambas.

OVOS DE MOLLET COM BOLETO

INGREDIENTES

8 ovos

150 g de boleto seco

50g de manteiga

50g de farinha

1 dl de vinho doce

2 dentes de alho

Noz-moscada

Vinagre

Óleo

Sal e pimenta

ELABORAÇÃO

Hidrate o boleto por aproximadamente 1 hora em 1 litro de água quente. Enquanto isso, cozinhe os ovos em água fervente com sal e vinagre por 5 min. Retire e refresque imediatamente em água gelada. Descasque com cuidado.

Coe o boleto e reserve a água. Corte o alho em rodelas e doure-as levemente no azeite. Adicione o boleto e cozinhe por 2 min em fogo alto. Tempere com sal e pimenta e regue com o vinho doce até reduzir e o molho ficar seco.

Derreta a manteiga com a farinha em uma panela. Refogue em fogo baixo por 5 min, mexendo sempre. Despeje a água da hidratação do boleto.

Cozinhe por 15 min em fogo baixo, mexendo sempre. Tempere e acrescente a noz-moscada.

Emprate colocando os boletos na base, depois os ovos e decore com o molho por cima.

TRUQUE

O ovo mollet deve ficar com a clara coalhada e a gema mole.

BRAÇO DE BATATA E BRANCO

INGREDIENTES

1kg de batatas

600 g de badejo sem espinhas nem pele

4 colheres de molho de tomate

1 cebola grande

2 dentes de alho

1 folha de louro

conhaque

Azeite de oliva

Sal e pimenta

ELABORAÇÃO

Descasque as batatas, corte-as em quartos e coza-as durante 30 min em água com sal. Escorra e passe-os pelo moinho. Espalhe o purê em filme transparente e reserve.

Pique finamente a cebola e o alho. Refogue em fogo médio por 5 min e acrescente a folha de louro e o badejo picado e temperado. Refogue por mais 5 min sem parar de mexer, regue com um pouco de conhaque e deixe reduzir. Adicione o molho de tomate e cozinhe por mais um minuto. Deixar esfriar.

Distribua o badejo na base da batata, embrulhe em forma de rocambole e reserve na geladeira até a hora de servir.

TRUQUE

Pode ser feito com qualquer peixe fresco ou congelado. Acompanhe com molho rosa ou aioli.

OMELETE PARA USAR COZIDO (ROPA VIEJA)

INGREDIENTES

125 gr de morcela

100 g de galinha ou frango

60g de repolho

60g de bacon

1 colher de chá de páprica

3 dentes de alho

1 pudim preto

1 salsicha

1 cebola

2 colheres de sopa de azeite

Sal

ELABORAÇÃO

Pique a cebola e o alho em pedaços pequenos. Refogue em fogo baixo por 10 min. Pique finamente a carne estufada e a couve e junte-a à cebola. Cozinhe em fogo médio até que as carnes estejam douradas e tostadas.

Bata os ovos e junte-os às carnes. Rectifique o sal.

Aquecer muito bem uma frigideira, adicionar o azeite e coalhar a tortilla de ambos os lados.

TRUQUE

Acompanhe com um bom molho de tomate com cominho.

BATATAS RECHEADAS COM SALMÃO DEFUMADO, BACON E BERINGELA

INGREDIENTES

4 batatas médias

250g de bacon

150 gr de queijo parmesão

200 g de salmão fumado

½ litro de creme

1 berinjela

Azeite de oliva

Sal e pimenta

ELABORAÇÃO

Lave bem as batatas e cozinhe-as com a pele em fogo médio por 25 minutos ou até ficarem macias. Escorra, corte ao meio e esvazie, deixando uma leve camada. Reserve as batatas inteiras e escorra.

Doure o bacon cortado em tiras finas em uma frigideira bem quente. Retirar e reservar. Refogue a berinjela cortada em cubos pequenos no mesmo azeite por 15 minutos ou até ficar macia.

Numa caçarola coloque as batatas, a beringela escalfada, o bacon, o salmão cortado às tiras, o queijo parmesão e as natas. Cozinhe por 5 min em fogo médio e tempere.

Recheie as batatas com o preparado anterior e leve a gratinar a 180ºC até ficarem douradas.

TRUQUE

Você pode fazer algumas beringelas com o mesmo recheio.

CROQUETES DE BATATA E QUEIJO

INGREDIENTES

500 gr de batatas

150 g de parmesão ralado

50g de manteiga

Farinha, ovo e pão ralado (para a cobertura)

2 gemas

Noz-moscada

Sal e pimenta

ELABORAÇÃO

Descasque, corte em quartos e cozinhe as batatas em fogo médio com água e sal por 30 min. Escorra e passe pelo moinho. Adicione a manteiga quente, as gemas, o sal, a pimenta, a noz-moscada e o parmesão. Deixar esfriar.

Faça bolas como croquetes e passe-as por farinha, ovo batido e pão ralado. Frite em óleo abundante até dourar.

TRUQUE

Antes de revestir, coloque 1 colher de chá de molho de tomate e um pedaço de linguiça fresca já cozida no centro do croquete. Eles são deliciosos.

BOAS BATATAS FRANCESAS

INGREDIENTES

1 kg de batatas tardias ou semi-tardias (variedade azeda ou monalisa)

1 litro de azeite

Sal

ELABORAÇÃO

Descasque e corte as batatas em palitos regulares. Lave-os em água fria abundante até que saia completamente transparente. Seca bem.

Aqueça o óleo numa frigideira em lume médio, cerca de 150ºC. Quando começar a borbulhar um pouco, mas sempre, acrescente as batatas e cozinhe até ficarem bem macias, tomando cuidado para não quebrar.

Aumente o fogo ao máximo com o óleo bem quente e em porções diferentes acrescente as batatas e mexa com uma escumadeira. Frite até dourar e ficar crocante. Retire, escorra o excesso de óleo e o sal.

TRUQUE

Ambas as temperaturas do óleo são importantes. Isso os torna muito macios por dentro e crocantes por fora. Adicione o sal no final.

OVOS FLORENTINOS

INGREDIENTES

8 ovos

800 g de espinafre

150 g de presunto curado

1 dente de alho

Molho Bechamel (ver secção de Caldos e Molhos)

Sal

ELABORAÇÃO

Cozinhe o espinafre em água fervente com sal por 5 min. Refresque e esprema para que percam toda a água. Pique finamente e reserve.

Pique o alho e refogue por 1 minuto em fogo médio. Adicione o presunto em cubos e cozinhe por mais 1 minuto. Aumente o lume, junte os espinafres e cozinhe mais 5 min. Em seguida, distribua os espinafres em 4 potes de barro.

Despeje 2 dos ovos quebrados em cima do espinafre. Tempere com o molho bechamel e leve ao forno durante 8 min a 170 ºC.

TRUQUE

As elaborações feitas com espinafre são chamadas florentinas.

ESFOLIADO DE BATATAS COM TAMBORIL E CAMARÕES

INGREDIENTES

4 batatas

300 g de tamboril limpo sem osso

250 g de camarões descascados

½ l de caldo de peixe

1 copo de vinho branco

1 colher de sopa de polpa de pimenta choricero

1 colher de chá de páprica

8 fios de açafrão

3 fatias de pão torrado

2 dentes de alho

1 cebola

Azeite de oliva

Sal e pimenta

ELABORAÇÃO

Refogue a cebola e os alhos finamente picados em lume brando durante 10 min. Adicione as fatias de pão e doure. Adicione o açafrão, a páprica e o chouriço. Refogue 2 min.

Cachear as batatas e jogá-las no molho. Refogue 3 min. Regue com o vinho e deixe reduzir completamente.

Adicione o caldo e cozinhe em fogo baixo até que as batatas estejam quase cozidas. Adicione o tamboril cortado em pedaços e os camarões descascados. Tempere e cozinhe por mais 2 minutos. Deixe repousar 5 minutos fora do fogo.

TRUQUE

Armazenar batatas significa rasgá-las em pedaços uniformes sem realmente cortá-las completamente. Isso torna o caldo mais espesso.

OVOS DE ESTILO FLAMENCO

INGREDIENTES

8 ovos

200g de molho de tomate

1 lata pequena de pimenta piquillo

4 colheres de ervilha cozida

4 fatias de presunto serrano

4 fatias grossas de chouriço

4 aspargos em conserva

ELABORAÇÃO

Divida o molho de tomate em 4 potes de barro. Coloque 2 ovos partidos em cada um, e distribua as ervilhas, o chouriço e o presunto cortados aos pedaços e os pimentos e os espargos cortados às tiras em diferentes montinhos.

Leve ao forno a 190ºC até os ovos estarem ligeiramente firmes.

TRUQUE

Pode ser feito com linguiça e até com linguiça frescal.

TORTILLA PAISANA

INGREDIENTES

6 ovos

3 batatas grandes

25 g de ervilha cozida

25g de chouriço

25 g de presunto serrano

1 pimenta verde

1 pimentão vermelho

1 cebola

Azeite de oliva

Sal e pimenta

ELABORAÇÃO

Corte a cebola e o pimentão em pedaços pequenos. Corte as batatas descascadas em rodelas bem finas. Refogue as batatas com a cebola e o pimentão em fogo médio.

Refogue o chouriço e o presunto cortado em cubos pequenos. Escorra as batatas com a cebola e o pimentão. Junte com o chouriço e o presunto. Adicione as ervilhas.

Bata os ovos, tempere com sal e pimenta e misture com as batatas e os restantes ingredientes. Aquecer bem uma frigideira média, juntar o preparado anterior e coalhar de ambos os lados.

TRUQUE

Deve ser coalhado um pouco, pois com o calor residual está acabado de fazer. Assim ficará mais suculento.

OVOS ASSADOS COM SALSICHAS E MOSTARDA

INGREDIENTES

8 ovos

2 salsichas alemãs defumadas

5 colheres de mostarda

4 colheres de creme

2 pepinos em conserva

Sal e pimenta

ELABORAÇÃO

Misture os pepinos picados finamente com a mostarda e as natas.

Corte finamente as salsichas na base de 4 potes de barro. Despeje sobre o molho de mostarda e depois 2 ovos quebrados em cada um. Temporada.

Asse a 180 ºC até que as claras estejam firmes.

TRUQUE

Adicione à mistura de mostarda e creme 2 colheres de sopa de parmesão ralado e alguns ramos de tomilho fresco.

OMELETE DE BATATA AO MOLHO

INGREDIENTES

7 ovos grandes

800 g de batatas para fritar

1dl de vinho branco

¼ litro de caldo de galinha

1 colher de sopa de salsa fresca

1 colher de chá de páprica

1 colher de chá de farinha

3 dentes de alho

azeite virgem

Sal

ELABORAÇÃO

Pique finamente o alho e frite em fogo médio por 3 min sem dourar excessivamente. Adicione a farinha e refogue por 2 min. Adicione a páprica e refogue por 5 segundos. Adicione o vinho e deixe reduzir completamente. Adicione o caldo e cozinhe em fogo baixo por 10 minutos, mexendo de vez em quando. Tempere com sal e polvilhe com salsa.

Descasque as batatas. Corte-os longitudinalmente em quartos e estes, por sua vez, em fatias finas. Frite-os até ficarem macios e levemente dourados.

Bata os ovos e tempere com sal. Escorra bem as batatas e junte-as aos ovos batidos. Rectifique o sal.

Aqueça uma frigideira, coloque 3 colheres (sopa) do óleo da fritura das batatas e acrescente a mistura de ovos e batatas. Mexa 15 s em fogo alto. Vire-o com um prato. Reaqueça a panela e adicione mais 2 colheres de sopa de óleo da fritura das batatas. Adicione a tortilha e doure em fogo alto por 15 segundos. Tempere com sal e cozinhe em lume brando durante 5 min.

TRUQUE

Pode aproveitar os caldos que sobraram das caldeiradas ou do arroz para este tipo de receita.

PURRUSALDA

INGREDIENTES

1kg de batatas

200 g de bacalhau dessalgado

100 ml de vinho branco

3 alhos-porós médios

1 cebola grande

ELABORAÇÃO

Coza o bacalhau em 1 l de água fria durante 5 min. Retire o bacalhau, desfie e retire as espinhas. Reserve a água do cozimento.

Corte a cebola em juliana e refogue em uma caçarola em fogo baixo por cerca de 20 min. Corte o alho-poró em rodelas grossas e junte à cebola. Escalfe mais 10 min.

Cachelar (rasgar, não cortar) as batatas e adicioná-las ao refogado quando os alhos franceses estiverem escaldados. Refogue um pouco as batatas, aumente o fogo e regue com o vinho branco. Deixe reduzir.

Banhe a caldeirada com a água da cozedura do bacalhau, tempere com sal (deve ficar um pouco sem graça) e cozinhe até as batatas ficarem macias. Adicione o bacalhau e cozinhe por mais 1 minuto. Tempere com sal e deixe repousar tapado durante 5 min.

TRUQUE

Transforme este ensopado em um creme. Só é necessário esmagar e coar. delicioso.

BATATAS ASSADAS

INGREDIENTES

500 gr de batatas

1 copo de vinho branco

1 cebola pequena

1 pimenta verde

Azeite de oliva

Sal

ELABORAÇÃO

Descasque e corte as batatas em rodelas finas. Cortar a cebola e o pimento em tiras à juliana. Coloque em uma assadeira. Sal e unte bem com azeite. Mexa para que tudo fique bem impregnado e cubra com papel alumínio.

Asse a 160 ºC por 1 h. Retire, retire o papel e regue com o copo de vinho.

Asse descoberto a 200ºC por mais 15 min.

TRUQUE

Você pode substituir o vinho por ½ copo de água, ½ copo de vinagre e 2 colheres de sopa de açúcar.

MISTURA DE COGUMELOS

INGREDIENTES

8 ovos

500 g de cogumelos limpos e fatiados

100 g de presunto serrano em cubos

8 fatias de pão torrado

2 dentes de alho

Azeite de oliva

ELABORAÇÃO

Corte os alhos às rodelas e aloure-os ligeiramente juntamente com o presunto cortado em cubos sem deixar ganhar cor. Aumente o fogo, acrescente os cogumelos limpos e fatiados e refogue por 2 min.

Adicione os ovos batidos, mexendo sempre até que fiquem levemente coalhados e fofos.

TRUQUE

Não é necessário adicionar sal, pois o presunto Serrano o fornece.

OVOS NA CHAPA COM ANCHOVAS E AZEITONAS

INGREDIENTES

8 ovos

500g de tomate

40 g de azeitonas pretas sem caroço

12 anchovas

10 alcaparras

3 dentes de alho

1 cebolinha

Orégano

Açúcar

Azeite de oliva

Sal

ELABORAÇÃO

Pique finamente o alho e a cebolinha. Refogue em fogo baixo por 10 min.

Descasque, semeie e corte os tomates em cubos pequenos. Adicione ao molho de alho e cebola. Aumente o fogo e cozinhe até o tomate perder toda a água. Rectifique o sal e o açúcar.

Distribua o tomate em potes de barro. Coloque 2 ovos quebrados e acrescente o restante dos ingredientes picados por cima. Asse a 180 ºC até que as claras estejam firmes.

TRUQUE

Acrescentar açúcar em receitas que utilizam tomate é para equilibrar a acidez que ele proporciona.

BATATAS NO CREME COM BACON E PARMESÃO

INGREDIENTES

1kg de batatas

250g de bacon

150 gr de queijo parmesão

300 ml de creme

3 cebolas

Noz-moscada

Azeite de oliva

Sal e pimenta

ELABORAÇÃO

Misture o creme com o queijo, sal, pimenta e noz-moscada em uma tigela.

Descasque e corte as batatas e as cebolas em rodelas finas. Refogue em uma panela até ficar macio. Escorra e tempere.

À parte, doure o bacon cortado em tiras e coloque na panela com as batatas.

Coloque as batatas num prato, cubra com a mistura de natas e leve ao forno a 175ºC até gratinar por cima.

TRUQUE

Esta receita também pode ser preparada sem escalfar as batatas. Basta cozinhá-los a 150ºC por 1 hora.

OVOS COZIDOS

INGREDIENTES

8 ovos

Sal

ELABORAÇÃO

Cozinhe os ovos a partir da água fervente por 11 min.

Esfrie com água e gelo e descasque.

TRUQUE

Para facilitar o descasque, coloque bastante sal na água do cozimento e descasque logo após esfriar.

BATATAS ARRUGADAS

INGREDIENTES

1kg de batatas pequenas

500 g de sal grosso

ELABORAÇÃO

Cozinhe as batatas em água com sal até ficarem macias. Eles devem ser completamente cobertos com um dedo extra de água. Escorra as batatas.

Na mesma panela (sem lavar), coloque as batatas de volta e leve ao fogo baixo, mexendo com cuidado até secarem. É então que uma pequena camada de sal é criada em cada batata e sua casca enruga.

TRUQUE

São um acompanhamento perfeito para peixes salgados. Experimente um pouco de pesto.

OVOS ESCALHADOS COM COGUMELOS, CAMARÕES E TRIGUEROS

INGREDIENTES

8 ovos

300 g de cogumelos frescos

100g de camarão

250 ml de caldo de carne

2 colheres de sopa de Pedro Ximenez

1 colher de chá de farinha

1 molho de espargos selvagens

Azeite de oliva

1dl de vinagre

Sal e pimenta

ELABORAÇÃO

Escalfar os ovos em abundante água a ferver com sal e uma boa pitada de vinagre. Desligue o fogo, tampe a caçarola e espere 3 ou 4 min. A clara deve estar cozida e a gema líquida. Retire, escorra e tempere.

Limpe os aspargos e corte-os ao meio no sentido do comprimento. Doure-os em uma frigideira em fogo alto, sal e reserve. Refogue os camarões descascados e temperados no mesmo azeite em fogo bem alto por 30 segundos. Retirar.

Doure os cogumelos fatiados em fogo alto na mesma panela por 1 minuto, acrescente a farinha e refogue por mais um minuto. Umedeça com Pedro

Ximénez até reduzir e secar. Banhe com o caldo quase a salgar e deixe levantar fervura.

Emprate os espargos, os camarões e os cogumelos e coloque os ovos por cima. Tempere com o molho Pedro Ximénez.

TRUQUE

Cozinhe o caldo com 1 raminho de alecrim até atingir a metade do volume.

SRAMBLE DE BATATA COM CHORIZO E PIMENTA VERDE

INGREDIENTES

6 ovos

120 g de chouriço picado

4 batatas

2 pimentões verdes italianos

2 dentes de alho

1 cebolinha

Azeite de oliva

Sal e pimenta

ELABORAÇÃO

Descasque, lave e corte as batatas em cubos médios. Lave bem até a água ficar limpa. Julienne a cebolinha e pimentão.

Frite as batatas em óleo bem quente e frite pela metade acrescente os pimentões e a cebolinha até que os legumes fiquem dourados e macios.

Escorra as batatas, a cebolinha e os pimentões. Deixe apenas um pouco de óleo na panela para dourar o chouriço picado. Adicione as batatas novamente com a cebolinha e os pimentões. Adicione os ovos quebrados e mexa até ficar levemente firme. Rectifique o sal e a pimenta.

TRUQUE

Pode substituir o chouriço por morcela, chistorra e até butifarra.

BATATAS POBRES

INGREDIENTES

1kg de batatas

3 dentes de alho

1 pimentão verde pequeno

1 pimentão vermelho pequeno

1 cebola pequena

Salsinha

Azeite de oliva

4 colheres de vinagre

Sal

ELABORAÇÃO

Esmague o alho com a salsa, o vinagre e 4 colheres de sopa de água.

Descasque e corte as batatas como se fosse uma omelete. Frite-os em bastante óleo quente e acrescente a cebola e os pimentões cortados em tiras finas de juliana ao meio. Continue fritando até dourar levemente.

Retire e escorra as batatas, a cebola e os pimentões. Adicione o alho amassado e o vinagre. Mexa e sal.

TRUQUE

É um acompanhamento perfeito para todo o tipo de carnes, especialmente as gordurosas como borrego e porco.

OVOS ESCALHADOS GRÃO-DUQUE

INGREDIENTES

8 ovos

125 g de queijo parmesão

30g de manteiga

30g de farinha

½ litro de leite

4 fatias de pão torrado

Noz-moscada

Vinagre

Sal e pimenta

ELABORAÇÃO

Faça um molho bechamel refogando a farinha na manteiga por 5 min em fogo baixo, acrescente o leite mexendo sempre e cozinhe por mais 5 min. Rectifique o sal, a pimenta e a noz-moscada.

Escalfar os ovos em abundante água a ferver com sal e uma boa pitada de vinagre. Desligue o fogo, tampe a caçarola e espere 3 ou 4 min. Retire e escorra.

Coloque o ovo escalfado sobre o pão torrado e regue com o molho béchamel. Polvilhe com parmesão ralado e grelhe no forno.

TRUQUE

Quando a água estiver fervendo, mexa com um batedor e adicione o ovo imediatamente. Assim, uma forma arredondada e perfeita é alcançada.

BATATAS COM COSTELA

INGREDIENTES

3 batatas grandes

1kg de costelinha de porco marinada

4 colheres de molho de tomate

2 dentes de alho

1 folha de louro

1 pimenta verde

1 pimentão vermelho

1 cebola

Azeite de oliva

Sal

ELABORAÇÃO

Divida e doure as costelas em uma panela bem quente. Retire e reserve.

Refogue nesse mesmo óleo o pimentão, o alho e a cebola cortados em pedaços médios. Quando os legumes estiverem macios, acrescente o molho de tomate e acrescente novamente o entrecosto. Mexa e cubra com água. Adicione a folha de louro e cozinhe em fogo baixo até ficar quase macio.

Em seguida, adicione as batatas cachet. Tempere com sal e continue cozinhando até que as batatas estejam macias.

TRUQUE

Cachear as batatas significa quebrá-las com uma faca sem realmente cortá-las completamente. É assim que as batatas libertam o amido e os caldos tornam-se mais consistentes e espessos.

OVOS FRITO EM PÃO

INGREDIENTES

8 ovos

70g de manteiga

70g de farinha

Farinha, ovo e pão ralado (para a cobertura)

½ litro de leite

Noz-moscada

Azeite de oliva

Sal e pimenta

ELABORAÇÃO

Aqueça uma frigideira com azeite, frite os ovos deixando a gema crua ou bem pouco passada. Retire, salgue e retire o excesso de óleo.

Faça um molho bechamel salteando a farinha na manteiga derretida por 5 min. Adicione o leite, mexendo sempre, e cozinhe por 10 min em fogo médio. Tempere e tempere com noz-moscada.

Cubra cuidadosamente os ovos com o bechamel por todos os lados. Deixe esfriar na geladeira.

Passe os ovos na farinha, no ovo batido e na farinha de rosca e frite-os em óleo quente abundante até dourar.

TRUQUE

Quanto mais frescos estiverem os ovos, menos respingarão quando fritos. Para fazer isso, retire-os da geladeira 15 minutos antes de fritá-los.

BATATAS DE AVELÃ

INGREDIENTES

750g de batatas

25g de manteiga

1 colher de chá de salsa fresca picada

2 colheres de sopa de azeite

Sal e pimenta

ELABORAÇÃO

Descasque as batatas e retire as bolinhas com um socador. Cozinhe-os em uma panela de água fria com sal. Quando ferverem pela primeira vez, espere 30 segundos e escorra.

Derreta a manteiga com o azeite em uma panela. Adicione as batatas secas e escorridas e cozinhe em fogo médio-baixo até que as batatas fiquem douradas e macias por dentro. Tempere com sal, pimenta e acrescente a salsinha.

TRUQUE

Também podem ser feitas no forno a 175 ºC, mexendo de vez em quando até ficarem macias e douradas.

Ovos Mollet

INGREDIENTES

8 ovos

Sal

Vinagre

ELABORAÇÃO

Cozinhe os ovos em água fervente com sal e vinagre por 5 min. Retire e refresque imediatamente em água gelada e descasque com cuidado.

TRUQUE

Para descascar facilmente os ovos cozidos, adicione bastante sal à água.

BATATAS A ESTILO RIOJANA

INGREDIENTES

2 batatas grandes

1 colher de chá de polpa de choricero ou pimenta ñora

2 dentes de alho

1 chouriço asturiano

1 pimenta verde

1 folha de louro

1 cebola

pimentas

4 colheres de sopa de azeite

Sal

ELABORAÇÃO

Frite o alho picado no óleo por 2 min. Adicione a cebola cortada em juliana e o pimentão e refogue por 25 min em fogo médio baixo (tem que ficar da mesma cor como se fosse caramelizado). Adicione a colher de chá de chouriço.

Adicione o chouriço picado e refogue por mais 5 min. Adicione as batatas cacheladas e cozinhe por mais 10 minutos, mexendo sempre. Tempere com sal.

Adicione a páprica e cubra com água. Cozinhe juntamente com a folha de louro em lume muito brando até as batatas estarem cozidas.

TRUQUE

Você pode fazer um creme com o que sobrar. É um aperitivo espetacular.

BATATAS COM CHOCOS

INGREDIENTES

3 batatas grandes

1kg de choco

3 dentes de alho

1 lata de ervilha

1 cebola grande

Estoque de Peixes

Salsinha

Azeite de oliva

Sal

ELABORAÇÃO

Corte a cebola, o alho e a salsa em pedaços pequenos. Refogue tudo em uma panela em fogo médio.

Assim que os legumes estiverem escaldados, aumente o lume ao máximo e frite os chocos cortados em pedaços médios durante 5 min. Cubra com caldo de peixe (ou com água fria) e cozinhe até o choco ficar macio. Tempere com sal e junte as batatas descascadas e cacheadas e as ervilhas.

Abaixe o fogo e cozinhe até que as batatas estejam cozidas. Tempere com sal e sirva quente.

TRUQUE

É muito importante fritar os chocos em lume muito forte, senão ficam duros e pouco suculentos.

OMELETE DE CAMARÃO COM ALHO

INGREDIENTES

8 ovos

350 g de camarão descascado

4 dentes de alho

1 pimenta caiena

Azeite de oliva

Sal

ELABORAÇÃO

Corte o alho em fatias e doure-os levemente junto com a pimenta de Caiena. Adicione os camarões, acerte o sal e retire do fogo. Escorra os camarões, o alho e a pimenta caiena.

Aqueça bem a frigideira com o azeite de alho. Bata e tempere os ovos. Adicione os camarões e o alho e coagule levemente enrolando-o sobre si mesmo.

TRUQUE

Para evitar que a tortilla grude na panela, aqueça bem antes de adicionar o óleo.

BATATAS COZINHADAS COM BACALHAU

INGREDIENTES

1kg de batatas

500 g de bacalhau dessalgado

1 l de fumaça

2 dentes de alho

1 pimenta verde

1 pimentão vermelho

1 cebola

salsa fresca picada

Azeite de oliva

Sal

ELABORAÇÃO

Pique finamente a cebola, os alhos e os pimentos. Refogue os legumes em fogo baixo por 15 min.

Adicione as batatas cacheladas (rasgadas, não cortadas) e refogue por mais 5 minutos.

Banhe com o fumet até o ponto de sal e cozinhe até que as batatas estejam quase prontas. Em seguida, adicione o bacalhau e a salsa e cozinhe por 5 min. Tempere com sal e sirva quente.

TRUQUE

Você pode adicionar 1 copo pequeno de vinho branco e algumas pimentas caiena antes do fumet.

PURÉ DE BATATA

INGREDIENTES

400g de batatas

100g de manteiga

200 ml de leite

1 folha de louro

Noz-moscada

Sal e pimenta

ELABORAÇÃO

Cozinhe as batatas lavadas e cortadas com a folha de louro em fogo médio até ficarem macias. Escorra as batatas e passe-as por um moinho de batatas.

Ferva o leite com a manteiga, noz-moscada, sal e pimenta.

Despeje o leite sobre as batatas e bata com um fouet. Corrija, se necessário, o que está faltando.

TRUQUE

Adicione 100 g de parmesão ralado e bata com um batedor. O resultado é delicioso.

OMELETE DE FEIJÃO COM MORCILLA

INGREDIENTES

8 ovos

400g de favas

150g de chouriço

1 dente de alho

1 cebola

Azeite de oliva

Sal

ELABORAÇÃO

Cozinhe as favas em água fervente com um pouco de sal até ficarem macias. Coe e refresque com água fria e gelo.

Pique finamente a cebola e o alho. Refogue em fogo baixo por 10 min junto com a morcela, tomando cuidado para não quebrar. Adicione as favas e cozinhe mais 2 minutos.

Bata os ovos e o sal. Juntar as favas e coalhar numa frigideira bem quente.

TRUQUE

Para deixar o prato ainda mais espetacular, retire a pele de cada uma das favas logo após o resfriamento. Ele terá uma textura mais fina.

SRAMBLE DE ALHOS DE ALHO E TRIGUEROS

INGREDIENTES

8 ovos

100 g de rebentos de alho

8 fatias de pão torrado

8 espargos selvagens

2 dentes de alho

Azeite de oliva

Sal e pimenta

ELABORAÇÃO

Corte finamente os rebentos de alho e os espargos descascados. Corte os alhos às rodelas e leve a alourar juntamente com os rebentos de alho e os espargos. Temporada.

Adicione os ovos batidos, mexendo sempre até coalhar levemente. Sirva ovos mexidos em fatias de pão torrado.

TRUQUE

Os ovos também podem ser feitos em uma tigela em banho-maria em fogo médio, mexendo sempre. Eles ficarão com uma textura de mel.

BATATA COZIDA COM NÍSCALE

INGREDIENTES

6 batatas grandes

500 g de chanterelles

1 colher rasa de páprica doce

1 dente de alho

1 cebola

½ pimenta verde

½ pimentão vermelho

Paprika quente

Caldo de carne (o que for necessário para cobrir)

ELABORAÇÃO

Refogue os legumes em pedaços pequenos em fogo baixo por 30 min. Adicione as batatas cacheladas (rasgadas, não cortadas) e refogue por 5 min. Adicione os chanterelles limpos cortados em quartos e sem talo.

Refogue por 3 min e acrescente a páprica doce e um pouco do picante. Cubra com o caldo e tempere com sal (deve ficar um pouco sem graça). Cozinhe em fogo baixo e tempere com sal.

TRUQUE

Retire um par de batatas cozidas com um pouco de caldo, amasse e adicione novamente ao refogado para que o molho engrosse.

OMELETE DE BOLETO E CAMARÕES

INGREDIENTES

8 ovos

400 g de boleto limpo

150 g de camarão

3 dentes de alho

2 colheres de sopa de azeite

Sal e pimenta

ELABORAÇÃO

Pique finamente o alho e doure-o levemente em uma frigideira em fogo médio.

Corte o boleto em cubos, aumente o fogo e adicione o alho à panela. Cozinhe 3 min. Adicione os camarões descascados e temperados e frite por mais 1 minuto.

Bata e salgue os ovos. Adicione o boleto e os camarões. Aqueça bem uma frigideira com 2 colheres (sopa) de azeite e doure a tortilha dos dois lados.

TRUQUE

Quando todos os ingredientes se juntarem, adicione um fio de azeite de trufas. Uma delicia.

OVOS GRATINADOS

INGREDIENTES

8 ovos

125 g de queijo parmesão

8 fatias de presunto serrano

8 fatias de pão torrado

Molho Bechamel (ver secção de Caldos e Molhos)

Vinagre

Sal e pimenta

ELABORAÇÃO

Escalfar os ovos em abundante água a ferver com sal e uma boa pitada de vinagre. Desligue o fogo, tampe a caçarola e espere 3 ou 4 min. Retire e refresque com água e gelo. Retire com uma escumadeira e deixe repousar sobre papel de cozinha.

Divida o presunto serrano em 4 caçarolas. Coloque os ovos por cima, regue com o molho bechamel e polvilhe com o parmesão ralado. Gratinar até o queijo ficar dourado.

TRUQUE

Pode ser feito com toucinho defumado e até com sobrassada.

OMELETE DE ABOBRINHA E TOMATE

INGREDIENTES

8 ovos

2 tomates

1 abobrinha

1 cebola

Azeite de oliva

Sal

ELABORAÇÃO

Corte a cebola em tiras finas e frite em fogo baixo por 10 min.

Corte a abobrinha e o tomate em rodelas e doure-os em uma frigideira bem quente. Depois de dourar, corte a abobrinha e o tomate em tiras finas. Junte a cebola e tempere com sal.

Bata os ovos e misture com os legumes. Rectifique o sal. Aquecer bem uma frigideira e semi-coalhar a tortilla em contacto com toda a superfície da frigideira e depois enrolá-la sobre si mesma.

TRUQUE

Tente fazer com berinjela em cubos e bechamel como acompanhamento.

BATATAS REVOLCONAS COM TORREZNOS

INGREDIENTES

400g de batatas

1 colher de sopa de páprica

2 fatias de bacon marinado para torreznos

2 dentes de alho

pimenta caiena moída

Azeite de oliva

Sal

ELABORAÇÃO

Descasque e cozinhe as batatas em uma caçarola até ficarem bem macias. Reserve a água do cozimento.

Enquanto isso, frite a carne de bacon em cubos em fogo baixo com pouquíssimo óleo por 10 minutos ou até ficar crocante. Retire os torreznos.

Refogue na mesma gordura o alho cortado em pedaços pequenos. Frite também a páprica e adicione-a à caçarola de batata. Coloque um pouco de sal e uma pitada de pimenta caiena moída.

Esmague com algumas varetas e regue com um pouco do caldo da cozedura das batatas, se necessário.

TRUQUE

Cozinhe as batatas sempre em água fria, evitando assim que fiquem duras ou demorem mais para amolecer.

OMELETE DE COGUMELOS E PARMESÃO

INGREDIENTES

8 ovos

300 g de cogumelos fatiados

150 g de parmesão ralado

4 dentes de alho

1 pimenta caiena

Azeite de oliva

Sal

ELABORAÇÃO

Corte o alho em fatias e doure-os levemente junto com a pimenta de Caiena. Adicione os cogumelos em fogo alto, adicione sal e refogue por 2 min. Retire do fogo. Escorra os cogumelos, o alho e a pimenta de Caiena.

Aqueça bem a frigideira com o azeite de alho. Bata e tempere os ovos, acrescente os cogumelos, o parmesão ralado e o alho. Coe ligeiramente a tortilla, rolando-a sobre si mesma.

TRUQUE

Acompanhe com um bom molho de tomate temperado com cominhos.

TAMBOR DE FRANGO COM UÍSQUE

INGREDIENTES

12 coxas de frango

200 ml de creme

150ml de uísque

100ml caldo de galinha

3 gemas

1 cebolinha

Farinha

Azeite de oliva

Sal e pimenta

ELABORAÇÃO

Tempere, enfarinhe e doure as coxas de frango. Retirar e reservar.

Refogue a cebolinha em rodelas finas no mesmo azeite por 5 min. Adicione o uísque e flambe (o exaustor deve estar desligado). Despeje o creme e o caldo. Adicione o frango novamente e cozinhe por 20 min em fogo baixo.

Retire do lume, junte as gemas e mexa cuidadosamente para que o molho engrosse ligeiramente. Tempere com sal e pimenta se necessário.

TRUQUE

O uísque pode ser substituído pela bebida alcoólica que mais gostamos.

PATO ASSADO

INGREDIENTES

1 pato limpo

1 litro de caldo de galinha

4 dl de molho de soja

3 colheres de mel

2 dentes de alho

1 cebola pequena

1 pimenta caiena

gengibre fresco

Azeite de oliva

Sal e pimenta

ELABORAÇÃO

Em uma tigela, misture o caldo de galinha, a soja, o alho ralado, a pimenta caiena e a cebola picadinhas, o mel, um pedaço de gengibre ralado e a pimenta. Marinar o pato nesta mistura por 1 hora.

Retire da maceração e coloque em uma assadeira com metade do líquido da maceração. Grelhe a 200 ºC por 10 min de cada lado. Constantemente molhado com uma escova.

Abaixe o forno para 180 ºC e cozinhe por mais 18 minutos de cada lado (continue pintando a cada 5 minutos com um pincel).

Retire e reserve o pato, e reduza o molho pela metade em uma panela em fogo médio.

TRUQUE

Asse as aves com os peitos para baixo no início, isso os deixará menos secos e mais suculentos.

PEITO DE FRANGO VILLAROY

INGREDIENTES

1kg de peito de frango

2 cenouras

2 talos de aipo

1 cebola

1 alho-poró

1 nabo

Farinha, ovo e pão ralado (para a cobertura)

para o besamel

1 litro de leite

100g de manteiga

100g de farinha

noz-moscada moída

Sal e pimenta

ELABORAÇÃO

Cozinhe todos os legumes limpos em 2 l de água (fria) por 45 min.

Enquanto isso, faça um molho bechamel refogando a farinha na manteiga em fogo médio-baixo por 5 min. Depois acrescente o leite e mexa. Tempere e acrescente a noz-moscada. Cozinhe 10 min em fogo baixo sem parar de bater.

Coe o caldo e cozinhe os peitos (inteiros ou em filés) nele por 15 min. Retire e deixe-os esfriar. Regue bem os peitos com o molho bechamel e reserve na geladeira. Depois de frio, passe na farinha, depois no ovo e por último na farinha de rosca. Frite em óleo abundante e sirva quente.

TRUQUE

Pode aproveitar o caldo e os legumes triturados para fazer um creme requintado.

PEITO DE FRANGO COM MOLHO DE MOSTARDA E LIMÃO

INGREDIENTES

4 peitos de frango

250 ml de creme

3 colheres de aguardente

3 colheres de mostarda

1 colher de farinha

2 dentes de alho

1 limão

½ cebolinha

Azeite de oliva

Sal e pimenta

ELABORAÇÃO

Tempere e doure os peitos cortados em pedaços regulares com um pouco de azeite. Reserva.

Refogue a cebolinha e os alhos finamente picados no mesmo azeite. Adicione a farinha e cozinhe 1 min. Adicione o conhaque até evaporar e despeje o creme de leite, 3 colheres de sopa de suco de limão e suas raspas, mostarda e sal. Cozinhe o molho por 5 minutos.

Adicione o frango novamente e cozinhe em fogo baixo por mais 5 minutos.

TRUQUE

Rale o limão antes de extrair o suco. Para economizar, também pode ser feito com peito de frango picado.

GAUNETTE ASSADO COM AMEIXAS E COGUMELOS

INGREDIENTES

1 galinha-d'angola

250g de cogumelos

porta 200 ml

¼ litro de caldo de galinha

15 ameixas sem caroço

1 dente de alho

1 colher de chá de farinha

Azeite de oliva

Sal e pimenta

ELABORAÇÃO

Sal e pimenta e asse as pintadas juntamente com as ameixas durante 40 min a 175 ºC. Na metade do cozimento, vire-o. Decorrido o tempo, retire e reserve os sucos.

Refogue 2 colheres de sopa de óleo e a farinha em uma panela por 1 minuto. Banhe com o vinho e deixe reduzir pela metade. Umedeça com os sucos da assadeira e com o caldo. Cozinhe por 5 min sem parar de mexer.

À parte, salteie os cogumelos com um pouco de alho picado, junte-os ao molho e leve ao lume. Sirva a galinha-d'angola com o molho.

TRUQUE

Para ocasiões especiais, você pode rechear a pintada com maçã, foie, carne picada, nozes.

 AVES

PEITO DE FRANGO VILLAROY RECHEADO COM PIQUILLOS CARAMELIZADOS COM VINAGRE DE MODENA

INGREDIENTES

4 filés de peito de frango

100g de manteiga

100g de farinha

1 litro de leite

1 lata de pimenta piquillo

1 copo de vinagre de Módena

½ copo de açúcar

Noz-moscada

Ovo e farinha de rosca (para cobrir)

Azeite de oliva

Sal e pimenta

ELABORAÇÃO

Refogue a manteiga e a farinha por 10 min em fogo baixo. Em seguida, despeje o leite e cozinhe por 20 minutos, mexendo sempre. Tempere e acrescente a noz-moscada. Deixar esfriar.

Enquanto isso, caramelize os pimentões com o vinagre e o açúcar até o vinagre começar (só começar) a engrossar.

Tempere os filés com sal e pimenta e recheie com a pimenta piquillo. Enrole os seios em filme transparente como se fossem bombons bem firmes, feche e cozinhe por 15 minutos em água.

Depois de cozidos, regue com béchamel de todos os lados e passe-os no ovo batido e no pão ralado. Frite em óleo abundante.

TRUQUE

Se adicionar algumas colheres de curry enquanto a farinha é refogada para o bechamel, o resultado é diferente e muito rico.

PEITOS DE FRANGO RECHEADOS COM BACON, COGUMELO E QUEIJO

INGREDIENTES

4 filés de peito de frango

100g de cogumelos

4 fatias de bacon defumado

2 colheres de mostarda

6 colheres de creme

1 cebola

1 dente de alho

queijo fatiado

Azeite de oliva

Sal e pimenta

ELABORAÇÃO

Tempere os filés de frango. Limpe e corte os cogumelos em quartos.

Doure o bacon e refogue os cogumelos picados com o alho em fogo alto.

Recheie os filés com bacon, queijo e cogumelos, e feche-os perfeitamente com filme transparente como se fossem balas. Cozinhe por 10 min em água fervente. Retire o filme e o filé.

Por outro lado, escalfe a cebola cortada em pequenos pedaços, junte as natas e a mostarda, cozinhe 2 minutos e envolva. Refogue sobre o frango

TRUQUE

A película transparente suporta altas temperaturas e não agrega sabor aos alimentos.

FRANGO AO VINHO DOCE COM AMEIXAS

INGREDIENTES

1 frango grande

100 g de ameixa sem caroço

½ l de caldo de galinha

½ garrafa de vinho doce

1 cebolinha

2 cenouras

1 dente de alho

1 colher de farinha

Azeite de oliva

Sal e pimenta

ELABORAÇÃO

Tempere e doure o frango cortado em pedaços em uma panela bem quente com óleo. Retire e reserve.

Nesse mesmo óleo, refogue a cebolinha picada, o alho e a cenoura. Quando os legumes estiverem bem escaldados, junte a farinha e deixe cozinhar mais um minuto.

Banhe com o vinho doce e aumente o lume até reduzir quase totalmente. Adicione o caldo e acrescente novamente o frango e as ameixas.

Cozinhe por cerca de 15 minutos ou até o frango ficar macio. Retire o frango e misture o molho. Coloque ao ponto de sal.

TRUQUE

Se você adicionar um pouco de manteiga fria ao molho triturado e bater com um batedor, obterá mais espessura e brilho.

PEITO DE FRANGO COM LARANJA E CASTANHA DE CAJU

INGREDIENTES

4 peitos de frango

75g de castanha de caju

2 copos de suco natural de laranja

4 colheres de mel

2 colheres de Cointreau

Farinha

Azeite de oliva

Sal e pimenta

ELABORAÇÃO

Tempere e enfarinhe os peitos. Doure-os em óleo abundante, retire e reserve.

Cozinhe o suco de laranja com o Cointreau e o mel por 5 minutos. Adicione os peitos ao molho e cozinhe em fogo baixo por 8 min.

Sirva com o molho e as castanhas de caju por cima.

TRUQUE

Outra forma de fazer um bom molho de laranja é começar com caramelos não muito escuros aos quais se junta sumo de laranja natural.

PERDIZ EM PICLETO

INGREDIENTES

4 perdizes

300g de cebola

200g de cenoura

2 copos de vinho branco

1 cabeça de alho

1 folha de louro

1 copo de vinagre

1 copo de óleo

Sal e 10 grãos de pimenta

ELABORAÇÃO

Tempere e doure as perdizes em fogo alto. Retirar e reservar.

No mesmo óleo, frite as cenouras e as cebolas cortadas em juliana. Quando os legumes estiverem macios, junte o vinho, o vinagre, os grãos de pimenta, o sal, os alhos e o louro. Refogue por 10 min.

Volte a colocar a perdiz e deixe cozinhar em lume brando mais 10 minutos.

TRUQUE

Para que a carne ou peixe em conserva tenham mais sabor, é melhor que descansem por pelo menos 24 horas.

FRANGO CACCIATORE

INGREDIENTES

1 frango picado

50 g de cogumelos fatiados

½ l de caldo de galinha

1 copo de vinho branco

4 tomates ralados

2 cenouras

2 dentes de alho

1 alho-poró

½ cebola

1 bouquet de ervas aromáticas (tomilho, alecrim, louro...)

Azeite de oliva

Sal e pimenta

ELABORAÇÃO

Tempere e doure o frango em uma panela bem quente com um fio de azeite. Retire e reserve.

Refogue no mesmo óleo a cenoura, o alho, o alho-poró e a cebola cortada em pequenos pedaços. Em seguida, adicione o tomate ralado. Refogue até o tomate perder a água. Coloque o frango de volta.

À parte, salteie os cogumelos e junte-os também ao refogado. Regue com o copo de vinho e deixe reduzir.

Regue com o caldo e junte as ervas aromáticas. Cozinhe até que o frango esteja macio. Rectifique o sal.

TRUQUE

Este prato também pode ser feito com peru e até coelho.

ASAS DE FRANGO ESTILO COCA COLA

INGREDIENTES

1kg de asas de frango

½ litro de Coca-Cola

4 colheres de açúcar mascavo

2 colheres de sopa de molho de soja

1 colher rasa de orégano

½ limão

Sal e pimenta

ELABORAÇÃO

Despeje a Coca-Cola, o açúcar, a soja, o orégano e o suco de ½ limão em uma panela e cozinhe por 2 min.

Corte as asas ao meio e tempere-as. Leve ao forno a 160 ºC até ganharem um pouco de cor. Nesse momento, adicione metade do molho e vire as asas. Vire-os a cada 20 min.

Quando o molho estiver quase reduzido, acrescente a outra metade e continue assando até o molho engrossar.

TRUQUE

Acrescentar um raminho de baunilha na hora de fazer o molho realça o sabor e dá um toque diferenciador.

FRANGO AO ALHO

INGREDIENTES

1 frango picado

8 dentes de alho

1 copo de vinho branco

1 colher de farinha

1 pimenta caiena

Vinagre

Azeite de oliva

Sal e pimenta

ELABORAÇÃO

Tempere o frango e doure bem. Reserve e deixe temperar o azeite.

Corte os dentes de alho em cubos e confite (coloque no óleo, não frite) o alho e a pimenta caiena sem deixar dourar.

Banhe com o vinho e deixe reduzir até ficar com uma certa espessura, mas não ficar seco.

Em seguida, adicione o frango e pouco a pouco a colher de chá de farinha por cima. Mexa (verifique se o alho gruda no frango; caso contrário, acrescente um pouco mais de farinha até grudar levemente).

Cubra e mexa de vez em quando. Cozinhe por 20 min em fogo baixo. Finalize com um pouco de vinagre e cozinhe por mais 1 minuto.

TRUQUE

O refogado de frango é essencial. Tem que ser em fogo bem alto para que fique dourado por fora e suculento por dentro.

CHICKEN AL CHILINDRON

INGREDIENTES

1 frango pequeno picado

350 g de presunto serrano picado

1 lata de 800 g de tomate triturado

1 pimentão vermelho grande

1 pimentão verde grande

1 cebola grande

2 dentes de alho

Tomilho

1 copo de vinho branco ou tinto

Açúcar

Azeite de oliva

Sal e pimenta

ELABORAÇÃO

Tempere o frango e frite em fogo alto. Retire e reserve.

Nesse mesmo óleo, frite os pimentões, o alho e a cebola cortados em pedaços médios. Quando os legumes estiverem bem dourados, acrescente o presunto e frite por mais 10 minutos.

Coloque o frango de volta e regue com o vinho. Deixe reduzir em fogo alto por 5 minutos e acrescente o tomate e o tomilho. Abaixe o fogo e cozinhe por mais 30 min. Rectifique o sal e o açúcar.

TRUQUE

Esta mesma receita pode ser feita com almôndegas. Não vai sobrar nada no prato!

CODORNIZ EM PICLETE E FRUTAS VERMELHAS

INGREDIENTES

4 codornas

150 g de frutos vermelhos

1 copo de vinagre

2 copos de vinho branco

1 cenoura

1 alho-poró

1 dente de alho

1 folha de louro

Farinha

1 copo de óleo

Sal e pimenta-do-reino

ELABORAÇÃO

Farinha, tempere e doure as codornas em uma panela. Retire e reserve.

Refogue a cenoura e o alho francês cortados em palitos no mesmo azeite, e os alhos às rodelas. Quando os legumes estiverem macios, acrescente o azeite, o vinagre e o vinho.

Adicione a folha de louro e a pimenta. Tempere com sal e cozinhe por 10 min junto com os frutos vermelhos.

Adicione as codornas e cozinhe por mais 10 minutos até que estejam macias. Deixe repousar tampado fora do fogo.

TRUQUE

Esta marinada juntamente com a carne de codorniz é um maravilhoso molho e acompanhamento para uma boa salada de alface.

FRANGO COM LIMÃO

INGREDIENTES

1 frango

30g de açúcar

25g de manteiga

1 litro de caldo de galinha

1dl de vinho branco

Sumo de 3 limões

1 cebola

1 alho-poró

Azeite de oliva

Sal e pimenta

ELABORAÇÃO

Pique e tempere o frango. Doure em fogo alto e retire.

Descasque a cebola e limpe os alhos franceses, e corte-os em juliana. Refogue os legumes no mesmo óleo onde foi feito o frango. Banhe com o vinho e deixe reduzir.

Adicione o suco dos limões, o açúcar e o caldo. Cozinhe por 5 minutos e coloque o frango de volta. Cozinhe em fogo baixo por mais 30 min. Rectifique o sal e a pimenta.

TRUQUE

Para que o molho fique mais fino e sem pedaços de legumes, é melhor esmagá-lo.

FRANGO SAN JACOBO COM PRESUNTO SERRANO, TORTA DEL CASAR E ARUCULA

INGREDIENTES

8 filés de frango finos

150 g de bolo de noiva

foguete de 100g

4 fatias de presunto serrano

Farinha, ovo e cereais (para a cobertura)

Azeite de oliva

Sal e pimenta

ELABORAÇÃO

Tempere os filés de frango e regue com o queijo. Coloque rúcula e presunto serrano em uma delas e coloque outra por cima para fechar. Faça o mesmo com o resto.

Passe-os por farinha, ovo batido e cereais triturados. Frite em óleo quente abundante por 3 min.

TRUQUE

Pode ser revestido com pipoca triturada, com kikos e até com minhocas. O resultado é muito engraçado.

CURRY DE FRANGO ASSADO

INGREDIENTES

4 pontas de frango (por pessoa)

1 litro de creme

1 cebolinha ou cebola

2 colheres de caril

4 iogurtes naturais

Sal

ELABORAÇÃO

Corte a cebola em pedaços pequenos e misture numa tigela com os iogurtes, as natas e o caril. Tempere com sal.

Faça alguns cortes no frango e deixe marinar no molho de iogurte por 24 horas.

Asse a 180 ºC por 90 min, retire o frango e sirva com o molho batido.

TRUQUE

Se sobrar molho, pode ser aproveitado para fazer deliciosas almôndegas.

FRANGO AO VINHO TINTO

INGREDIENTES

1 frango picado

½ litro de vinho tinto

1 raminho de alecrim

1 raminho de tomilho

2 dentes de alho

2 alhos-porós

1 pimentão vermelho

1 cenoura

1 cebola

Caldo de frango

Farinha

Azeite de oliva

Sal e pimenta

ELABORAÇÃO

Tempere e doure o frango em uma caçarola bem quente. Retire e reserve.

Corte os legumes em pedaços pequenos e frite-os no mesmo óleo onde o frango foi frito.

Regue com o vinho, junte as ervas aromáticas e cozinhe cerca de 10 minutos em lume alto até reduzir. Incorpore o frango novamente e molhe com o caldo até cobrir. Cozinhe por mais 20 minutos ou até a carne ficar macia.

TRUQUE

Se quiser um molho mais fino e sem pedaços, bata no liquidificador e coe o molho.

FRANGO ASSADO COM CERVEJA PRETA

INGREDIENTES

4 pontas de frango

750ml de cerveja preta

1 colher de cominho

1 raminho de tomilho

1 raminho de alecrim

2 cebolas

3 dentes de alho

1 cenoura

Sal e pimenta

ELABORAÇÃO

Corte as cebolas, as cenouras e os alhos em juliana. Coloque o tomilho e o alecrim no fundo de uma assadeira e coloque a cebola, a cenoura e o alho por cima; e depois as pontas de frango com a pele para baixo temperadas e polvilhadas com cominho. Asse a 175 ºC por aproximadamente 45 min.

Umedeça com a cerveja após 30 min, vire a parte traseira e asse por mais 45 min. Quando o frango estiver assado, retire da assadeira e misture o molho.

TRUQUE

Se colocar 2 maçãs fatiadas no meio da assadeira e amassar junto com o restante do molho, o sabor fica ainda melhor.

PERDIZ DE CHOCOLATE

INGREDIENTES

4 perdizes

½ l de caldo de galinha

½ copo de vinho tinto

1 raminho de alecrim

1 raminho de tomilho

1 cebolinha

1 cenoura

1 dente de alho

1 tomate ralado

Chocolate

Azeite de oliva

Sal e pimenta

ELABORAÇÃO

Tempere e doure as perdizes. Reserva.

Refogue a cenoura picada finamente, o alho e a cebolinha no mesmo óleo em fogo médio. Aumente o fogo e acrescente o tomate. Cozinhe até perder a água. Banhe com o vinho e deixe reduzir quase completamente.

Adicione o caldo e acrescente as ervas. Cozinhe em fogo baixo até que as perdizes estejam macias. Rectifique o sal. Retire do fogo e acrescente o chocolate a gosto. Remover.

TRUQUE

Para dar um toque picante ao prato, você pode adicionar uma pimenta caiena e, se quiser que fique crocante, adicione avelãs ou amêndoas torradas.

QUARTOS DE PERU ASSADOS COM MOLHO DE FRUTAS VERMELHAS

INGREDIENTES

4 pontas de peru

250 g de frutos vermelhos

½ l de cava

1 raminho de tomilho

1 raminho de alecrim

3 dentes de alho

2 alhos-porós

1 cenoura

Azeite de oliva

Sal e pimenta

ELABORAÇÃO

Limpe e corte em juliana os alhos franceses, as cenouras e os alhos. Coloque este vegetal num tabuleiro de ir ao forno juntamente com o tomilho, o alecrim e os frutos vermelhos.

Coloque os quartos de peru por cima, temperados com um fio de azeite e com a pele virada para baixo. Asse a 175 ºC por 1 h.

Banho com cava após 30 min. Vire a carne e grelhe por mais 45 min. Depois de decorrido o tempo, retire da bandeja. Moer, coar e rectificar o sal do molho.

TRUQUE

O peru estará pronto quando a coxa e a coxa se soltarem com facilidade.

FRANGO ASSADO COM MOLHO DE PÊSSEGO

INGREDIENTES

4 pontas de frango

½ litro de vinho branco

1 raminho de tomilho

1 raminho de alecrim

3 dentes de alho

2 pêssegos

2 cebolas

1 cenoura

Azeite de oliva

Sal e pimenta

ELABORAÇÃO

Corte as cebolas, as cenouras e os alhos em juliana. Descasque os pêssegos, corte-os em dois e retire o caroço.

Coloque o tomilho e o alecrim junto com a cenoura, a cebola e o alho no fundo de uma assadeira. Coloque por cima as nádegas apimentadas com um fio de azeite, com a pele virada para baixo, e leve ao forno a 175ºC cerca de 45 min.

Após 30 min, regue com o vinho branco, vire-os e asse por mais 45 min. Quando o frango estiver assado, retire da assadeira e misture o molho.

TRUQUE

Maçãs ou peras podem ser adicionadas ao assado. O molho ficará ótimo.

FILÉ DE FRANGO RECHEADO COM ESPINAFRE E MUSSARELA

INGREDIENTES

8 filés de frango finos

200 g de espinafres frescos

150 gr de mussarela

8 folhas de manjericão

1 colher de chá de cominho moído

Farinha, ovo e pão ralado (para a cobertura)

Azeite de oliva

Sal e pimenta

ELABORAÇÃO

Tempere os peitos dos dois lados. Coloque os espinafres por cima, o queijo partido em pedaços e o manjericão picado e cubra com outro filete. Passe por farinha, ovo batido e uma mistura de pão ralado e cominho.

Frite por alguns minutos de cada lado e retire o excesso de óleo em papel absorvente.

TRUQUE

O acompanhamento perfeito é um bom molho de tomate. Este prato pode ser feito com peru e até com lombo fresco.

FRANGO ASSADO NA CAVA

INGREDIENTES

4 pontas de frango

1 garrafa de champanhe

1 raminho de tomilho

1 raminho de alecrim

3 dentes de alho

2 cebolas

Azeite de oliva

Sal e pimenta

ELABORAÇÃO

Corte a cebola e o alho em juliana. Coloque o tomilho e o alecrim no fundo de uma assadeira e coloque as cebolas e o alho por cima e depois as cebolas apimentadas com a pele voltada para baixo. Asse a 175 ºC por aproximadamente 45 min.

Banhe com a cava após 30 minutos, vire o traseiro e asse por mais 45 minutos. Quando o frango estiver assado, retire da assadeira e misture o molho.

TRUQUE

Outra variável na mesma receita é fazê-lo com lambrusco ou vinho doce.

ESPETINHOS DE FRANGO COM MOLHO DE AMENDOIM

INGREDIENTES

600 gr de peito de frango

150g de amendoim

500 ml de caldo de galinha

200 ml de creme

3 colheres de sopa de molho de soja

3 colheres de mel

1 colher de caril

1 caiena bem picada

1 colher de sopa de suco de limão

Azeite de oliva

Sal e pimenta

ELABORAÇÃO

Esmague muito bem os amendoins até virarem uma pasta. Misture-os em uma tigela junto com o suco de limão, caldo, soja, mel, curry, sal e pimenta. Corte os peitos em pedaços e deixe marinar nesta mistura durante a noite.

Retire o frango e coloque-o em espetos. Cozinhe o preparado anterior juntamente com as natas em lume brando durante 10 min.

Doure os espetos em uma frigideira em fogo médio e sirva com o molho por cima.

TRUQUE

Eles podem ser feitos com pontas de frango. Mas, em vez de dourar na frigideira, asse no forno com o molho por cima.

FRANGO NA PEPITORIA

INGREDIENTES

1 ½kg de frango

250g de cebola

50 g de amêndoa torrada

25 gr de pão frito

½ l de caldo de galinha

¼ l de vinho fino

2 dentes de alho

2 folhas de louro

2 ovos cozidos

1 colher de farinha

14 fios de açafrão

150 g de azeite

Sal e pimenta

ELABORAÇÃO

Pique e tempere o frango cortado em pedaços. Ouro e reserva.

Corte a cebola e os alhos em pedaços pequenos, e frite-os no mesmo azeite onde foi feito o frango. Adicione a farinha e cozinhe em fogo baixo por 5 min. Banhe com o vinho e deixe reduzir.

Adicione o caldo até o ponto de sal e cozinhe por mais 15 minutos. Em seguida, adicione o frango reservado junto com as folhas de louro e cozinhe até que o frango esteja macio.

À parte, torrar o açafrão e deitar no pilão juntamente com o pão frito, as amêndoas e as gemas. Bata até obter uma pasta e acrescente ao refogado de frango. Cozinhe mais 5 min.

TRUQUE

Não há melhor acompanhamento para esta receita do que um bom arroz pilaf. Pode ser apresentado com as claras em neve picadas e um pouco de salsinha bem picadinha por cima.

GALINHA LARANJA

INGREDIENTES

1 frango

25g de manteiga

1 litro de caldo de galinha

1 dl de vinho rosé

2 colheres de mel

1 raminho de tomilho

2 cenouras

2 laranjas

2 alhos-porós

Azeite de oliva

Sal e pimenta

ELABORAÇÃO

Tempere e doure o frango desfiado em fogo alto no azeite. Retirar e reservar.

Descasque e limpe as cenouras e os alhos franceses e corte-os em juliana. Refogue no mesmo óleo onde o frango foi dourado. Banhe com o vinho e cozinhe em fogo alto até reduzir.

Adicione o suco de laranja, o mel e o caldo. Cozinhe por 5 min e adicione os pedaços de frango novamente. Cozinhe em fogo baixo por 30 min. Junte a manteiga fria e tempere com sal e pimenta.

TRUQUE

Você pode pular um bom punhado de nozes e adicioná-las ao ensopado no final do cozimento.

GALINHA ASSADA COM BOLETO

INGREDIENTES

1 frango

200 g de presunto serrano

200 g de boleto

50g de manteiga

600 ml de caldo de galinha

1 copo de vinho branco

1 raminho de tomilho

1 dente de alho

1 cenoura

1 cebola

1 tomate

Azeite de oliva

Sal e pimenta

ELABORAÇÃO

Pique, tempere e doure o frango na manteiga e um fio de azeite. Retirar e reservar.

Nessa mesma gordura, frite a cebola, a cenoura e os alhos cortados em pequenos pedaços juntamente com o presunto picado. Aumente o fogo e adicione o boleto picado. Cozinhe por 2 min, acrescente o tomate ralado e cozinhe até perder toda a água.

Adicione novamente os pedaços de frango e regue com o vinho. Reduza até que o molho esteja quase seco. Umedeça com o caldo e acrescente o tomilho. Cozinhe por 25 minutos ou até o frango ficar macio. Rectifique o sal.

TRUQUE

Use cogumelos sazonais ou desidratados.

FRANGO SALTEADO COM NOZES E SOJA

INGREDIENTES

3 peitos de frango

70g de passas

30g de amêndoas

30g de castanha de caju

30g de nozes

30g de avelãs

1 copo de caldo de galinha

3 colheres de sopa de molho de soja

2 dentes de alho

1 pimenta caiena

1 limão

Ruivo

Azeite de oliva

Sal e pimenta

ELABORAÇÃO

Pique os peitos, tempere-os e aloure-os numa frigideira em lume alto. Retirar e reservar.

Nesse óleo, refogue as nozes junto com o alho ralado, um pedaço de gengibre também ralado, a pimenta caiena e as raspas de limão.

Adicione as passas, os peitos reservados e a soja. Reduza por 1 min e regue com o caldo. Cozinhe por mais 6 minutos em fogo médio e tempere com sal se necessário.

TRUQUE

Praticamente não será necessário o uso de sal, já que ele é fornecido quase inteiramente pela soja.

FRANGO A CHOCOLATE COM ALMEDRAS TORRADAS

INGREDIENTES

1 frango

60 g de chocolate meio amargo ralado

1 copo de vinho tinto

1 raminho de tomilho

1 raminho de alecrim

1 folha de louro

2 cenouras

2 dentes de alho

1 cebola

Caldo de galinha (ou água)

Amêndoas torradas

Azeite virgem extra

Sal e pimenta

ELABORAÇÃO

Pique, tempere e doure o frango em uma panela bem quente. Retirar e reservar.

Nesse mesmo azeite, refogue a cebola, a cenoura e os dentes de alho cortados em pequenos pedaços em lume brando.

Adicione a folha de louro e os ramos de tomilho e alecrim. Despeje o vinho e o caldo e cozinhe em fogo baixo por 40 min. Rectifique o sal e retire o frango.

Passe o molho pelo liquidificador e coloque de volta na panela. Adicione o frango e o chocolate e mexa até que o chocolate se dissolva. Cozinhe por mais 5 minutos para misturar os sabores.

TRUQUE

Finalize com amêndoas torradas por cima. Se você adicionar uma pimenta caiena ou pimenta, dá um toque picante.

ESPETINHOS DE CORDEIRO COM PAPRIKA E VINAGRETE DE MOSTARDA

INGREDIENTES

350g de cordeiro

2 colheres de vinagre

1 colher rasa de páprica

1 colher rasa de mostarda

1 colher rasa de açúcar

1 bandeja de tomatinhos cereja

1 pimenta verde

1 pimentão vermelho

1 cebolinha pequena

1 cebola

5 colheres de sopa de azeite

Sal e pimenta

ELABORAÇÃO

Limpe e corte os legumes, exceto a cebolinha, em quadrados médios. Corte o cordeiro em cubos do mesmo tamanho. Monte as espetadas, inserindo um pedaço de carne e um pedaço de legumes. Temporada. Doure-os em uma frigideira bem quente com um pouco de óleo por 1 ou 2 minutos de cada lado.

À parte, misture a mostarda, a páprica, o açúcar, o azeite, o vinagre e a cebolinha cortada em pedaços pequenos em uma tigela. Tempere com sal e emulsione.

Sirva os espetinhos feitos na hora com um pouco de molho de páprica.

TRUQUE

Você também pode adicionar 1 colher de sopa de curry e um pouco de raspas de limão ao vinagrete.

FIN DE VITELA RECHEADA COM PORTO

INGREDIENTES

1 kg de barbatana de vitela (abrir no livro para rechear)

350 g de carne de porco picada

1kg de cenoura

1kg de cebola

100 g de pinhões

1 lata pequena de pimenta piquillo

1 lata de azeitonas pretas

1 pacote de bacon

1 cabeça de alho

2 folhas de louro

vinho do Porto

Caldo de carne

Azeite de oliva

Sal e pimenta-do-reino

ELABORAÇÃO

Tempere a barbatana dos dois lados. Recheie com a carne de porco, os pinhões, os pimentos picados, as azeitonas cortadas aos quartos e o toucinho cortado às tiras. Enrole e coloque em uma malha ou amarre com fio de freio. Doure em fogo bem alto, retire e reserve.

Corte as cenouras, as cebolas e os alhos em brunoise, e aloure-os no mesmo azeite em que foi frita a vitela. Coloque a barbatana de volta. Banhe com um pouco de vinho do Porto e caldo de carne até cobrir tudo. Adicione 8 grãos de pimenta e as folhas de louro. Cozinhe tampado em fogo baixo por 40 min. Vire a cada 10 min. Quando a carne estiver macia, retire e misture o molho.

TRUQUE

O Porto pode ser substituído por qualquer outro vinho ou por champanhe.

ALMOÇOS À MADRILEÑA

INGREDIENTES

1kg de carne moída

500 g de carne de porco moída

500 gr de tomate maduro

150g de cebola

100g de cogumelos

1 l de caldo de carne (ou água)

2dl de vinho branco

2 colheres de sopa de salsa fresca

2 colheres de farinha de rosca

1 colher de farinha

3 dentes de alho

2 cenouras

1 folha de louro

1 ovo

Açúcar

Azeite de oliva

Sal e pimenta

ELABORAÇÃO

Misture as duas carnes com a salsa picada, 2 dentes de alho picados, o pão ralado, o ovo, sal e pimenta. Faça bolinhas e doure-as em uma caçarola. Retire e reserve.

No mesmo azeite, refogue a cebola com o outro alho, acrescente a farinha e refogue. Adicione os tomates e cozinhe mais 5 min. Banhe com o vinho e cozinhe por mais 10 minutos. Adicione o caldo e continue cozinhando por mais 5 min. Triture e rectifique o sal e o açúcar. Cozinhe as almôndegas no molho por 10 minutos junto com a folha de louro.

Separadamente, limpe, descasque e pique as cenouras e os cogumelos. Refogue-os com um pouco de óleo por 2 min e adicione-os ao ensopado de almôndegas.

TRUQUE

Para tornar a mistura das almôndegas mais saborosa, adicione 150 g de toucinho ibérico fresco picado. É preferível não apertar muito na hora de fazer as bolinhas para que fiquem mais suculentas.

BOCHECHAS COM CHOCOLATE

INGREDIENTES

8 bochechas de boi

½ litro de vinho tinto

6 onças de chocolate

2 dentes de alho

2 tomates

2 alhos-porós

1 talo de aipo

1 cenoura

1 cebola

1 raminho de alecrim

1 raminho de tomilho

Farinha

Caldo de carne (ou água)

Azeite de oliva

Sal e pimenta

ELABORAÇÃO

Tempere e doure as bochechas em uma panela bem quente. Retire e reserve.

Corte os legumes em brunoise e salteie-os na mesma panela onde as bochechas foram fritas.

Quando os legumes estiverem macios, acrescente os tomates ralados e cozinhe até perder toda a água. Adicione o vinho, as ervas aromáticas e deixe reduzir por 5 min. Adicione as bochechas e o caldo de carne até cobrir.

Cozinhe até as bochechas ficarem bem macias, acrescente o chocolate a gosto, mexa e tempere com sal e pimenta.

TRUQUE

O molho pode ser desfiado ou deixado com os pedaços de vegetais inteiros.

TORTA DE PORCO CONFIT AO MOLHO DOCE DE VINHO

INGREDIENTES

½ leitão picado

1 copo de vinho doce

2 ramos de alecrim

2 ramos de tomilho

4 dentes de alho

1 cenoura pequena

1 cebola pequena

1 tomate

azeite suave

sal grosso

ELABORAÇÃO

Espalhe o leitão num tabuleiro e sal de ambos os lados. Adicione o alho esmagado e os aromáticos. Cubra com azeite e leve ao forno a 100 ºC durante 5 h. Em seguida, deixe aquecer e desossar, retirando a carne e a pele.

Coloque papel manteiga em uma assadeira. Divida a carne do leitão e coloque a pele do leitão por cima (deve ter pelo menos 2 dedos de altura). Coloque outro papel manteiga e reserve na geladeira com algum peso por cima.

Enquanto isso, faça um caldo escuro. Corte os ossos e os legumes em pedaços médios. Toste os ossos a 185 ºC por 35 minutos, acrescente os legumes nas laterais e asse por mais 25 minutos. Retire do forno e regue com o vinho. Coloque tudo em uma panela e cubra com água fria. Cozinhe por 2 horas em fogo bem baixo. Coe e volte ao fogo até engrossar um pouco. Desengordurar.

Corte o bolo em porções e doure em uma frigideira quente do lado da pele até ficar crocante. Asse 3 min a 180ºC.

TRUQUE

É um prato mais trabalhoso do que difícil, mas o resultado é espetacular. O único truque para que não estrague no final é servir o molho na lateral da carne e não por cima.

COELHO AO MARCO

INGREDIENTES

1 coelho picado

80g de amêndoas

1 litro de caldo de galinha

400 ml de bagaço

200 ml de creme

1 raminho de alecrim

1 raminho de tomilho

2 cebolas

2 dentes de alho

1 cenoura

10 fios de açafrão

Sal e pimenta

ELABORAÇÃO

Pique, tempere e doure o coelho. Retirar e reservar.

Refogue nesse mesmo azeite a cenoura, a cebola e os alhos cortados em pequenos pedaços. Adicione o açafrão e as amêndoas e cozinhe por 1 min.

Aumente o fogo e regue com o bagaço. flambé Adicione o coelho novamente e molhe com o caldo. Adicione os ramos de tomilho e alecrim.

Cozinhe cerca de 30 minutos até o coelho estar tenro e junte as natas. Cozinhe por mais 5 minutos e tempere com sal.

TRUQUE

Flambé é queimar o álcool de uma aguardente. Ao fazê-lo, deve ter o cuidado de ter o exaustor desligado.

ALMOÇOS AO MOLHO DE AVELÃ PEPITORIA

INGREDIENTES

750 g de carne moída

750 g de carne de porco moída

250g de cebola

60g de avelãs

25 gr de pão frito

½ l de caldo de galinha

¼ litro de vinho branco

10 fios de açafrão

2 colheres de sopa de salsa fresca

2 colheres de farinha de rosca

4 dentes de alho

2 ovos cozidos

1 ovo fresco

2 folhas de louro

150 g de azeite

Sal e pimenta

ELABORAÇÃO

Misture a carne, a salsa picada, os alhos picados, o pão ralado, o ovo, o sal e a pimenta numa tigela. Farinha e marrom em uma panela em fogo médio-alto. Retirar e reservar.

Nesse mesmo azeite, refogue a cebola e os outros 2 dentes de alho cortados em cubos pequenos em lume brando. Banhe com o vinho e deixe reduzir. Adicione o caldo e cozinhe por 15 min. Adicione as almôndegas ao molho juntamente com as folhas de louro e cozinhe por mais 15 minutos.

À parte, toste o açafrão e esmague-o num pilão juntamente com o pão frito, as avelãs e as gemas até obter uma pasta homogénea. Adicione ao ensopado e cozinhe por mais 5 min.

TRUQUE

Sirva com as claras picadas por cima e um pouco de salsa.

ESCALOPINHAS DE VITELA COM CERVEJA PRETA

INGREDIENTES

4 bifes de vaca

125g de cogumelos shiitake

1/3 litro de cerveja preta

1 dl de caldo de carne

1dl de natas

1 cenoura

1 cebolinha

1 tomate

1 raminho de tomilho

1 raminho de alecrim

Farinha

Azeite de oliva

Sal e pimenta

ELABORAÇÃO

Tempere e enfarinhe os filés. Doure-os levemente em uma frigideira com um pouco de óleo. Retire e reserve.

Refogue a cebolinha picada e a cenoura no mesmo óleo. Quando estiverem escaldados, junte o tomate ralado e deixe cozinhar até o molho estar quase seco.

Regue com a cerveja, deixe o álcool evaporar por 5 min em fogo médio e acrescente o caldo, as ervas e os filés. Cozinhe por 15 min ou até ficar macio.

À parte, salteie os cogumelos em filetes em lume alto e junte-os ao refogado. Rectifique o sal.

TRUQUE

Os filés não devem ser cozidos demais, senão ficarão muito duros.

TRIPES A LA MADRILEÑA

INGREDIENTES

1kg de tripa limpa

2 pés de porco

25g de farinha

1dl de vinagre

2 colheres de páprica

2 folhas de louro

2 cebolas (1 delas picada)

1 cabeça de alho

1 malagueta

2 dl de azeite

20g de sal

ELABORAÇÃO

Escalde as tripas e os pés de porco num tacho com água fria. Cozinhe por 5 min assim que começar a ferver.

Escorra e substitua por água limpa. Adicione a cebola picada, a malagueta, a cabeça de alho e as folhas de louro. Adicione mais água se necessário para que fique bem tapado e cozinhe em lume brando e tapado durante 4 h ou até os pés de pato e as tripas ficarem tenros.

Quando a dobradinha estiver pronta, retire a cebola picada, o louro e a malagueta. Retire também os pés de pato, desosse-os e corte-os em pedaços semelhantes ao tamanho da tripa. Coloque de volta na panela.

À parte, frite a outra cebola cortada em brunoise, acrescente a páprica e 1 colher de sopa de farinha. Depois de cozido, adicione ao ensopado. Cozinhe por 5 min, tempere com sal e, se necessário, engrosse.

TRUQUE

Esta receita ganha sabor se for preparada com um ou dois dias de antecedência. Pode também juntar um pouco de grão-de-bico cozido e obter um prato de leguminosas de primeira.

LOMBO DE PORCO ASSADO COM MAÇÃ E HORTELÃ

INGREDIENTES

800 g de lombo de porco fresco

500g de maçãs

60g de açúcar

1 copo de vinho branco

1 copo de aguardente

10 folhas de hortelã

1 folha de louro

1 cebola grande

1 cenoura

Azeite de oliva

Sal e pimenta

ELABORAÇÃO

Tempere o lombo com sal e pimenta e aloure-o em lume alto. Retirar e reservar.

Frite nesse óleo a cebola e a cenoura limpas e picadas finamente. Descasque e tire o miolo das maçãs.

Transfira tudo para uma assadeira, banhe com álcool e acrescente a folha de louro. Asse a 185ºC por 90 min.

Retire as maçãs e os legumes e misture-os com o açúcar e a hortelã. Recheie o lombo e regue com o caldo do cozimento e acompanhe com a compota de maçã.

TRUQUE

Adicione um pouco de água ao tabuleiro durante a cozedura para evitar que o lombo fique seco.

ALMOÇOS DE FRANGO COM MOLHO DE FRAMBOESA

INGREDIENTES

Para as almôndegas

1kg de carne de frango moída

1dl de leite

2 colheres de farinha de rosca

2 ovos

1 dente de alho

vinho xerez

Farinha

Salsa picada

Azeite de oliva

Sal e pimenta

Para o molho de framboesa

200 gr de compota de framboesa

½ l de caldo de galinha

1 ½ dl de vinho branco

½ dl de molho de soja

1 tomate

2 cenouras

1 dente de alho

1 cebola

Sal

ELABORAÇÃO

Para as almôndegas

Misture a carne com o pão ralado, o leite, os ovos, o dente de alho picado finamente, a salsa e um pouco de vinho. Tempere com sal e pimenta e deixe descansar por 15 min.

Forme pequenas bolas com a mistura e passe-as pela farinha. Brown em óleo tentando deixar algo cru por dentro. Reserve o óleo.

Para o molho agridoce de framboesa

Descasque e pique a cebola, os alhos e as cenouras em cubos pequenos. Refogue no mesmo óleo onde as almôndegas foram douradas. Tempere com uma pitada de sal. Adicione o tomate picado sem pele ou sementes e refogue até a água evaporar.

Banhe com o vinho e cozinhe até reduzir pela metade. Adicione o molho de soja e o caldo e cozinhe por mais 20 minutos até o molho engrossar. Adicione a geléia e as almôndegas e cozinhe tudo junto por mais 10 min.

TRUQUE

A compota de framboesa pode ser substituída por outra de qualquer fruta vermelha e até por compota.

ENSOPADO DE CORDEIRO

INGREDIENTES

1 perna de cordeiro

1 copo grande de vinho tinto

½ xícara de tomate triturado (ou 2 tomates ralados)

1 colher de sopa de páprica doce

2 batatas grandes

1 pimenta verde

1 pimentão vermelho

1 cebola

Caldo de carne (ou água)

Azeite de oliva

Sal e pimenta

ELABORAÇÃO

Pique, tempere e doure a perna em uma panela bem quente. Retire e reserve.

Nesse mesmo óleo, frite os pimentões picados e a cebola. Quando os legumes estiverem bem salteados, junte a colher de sopa de colorau e o tomate. Continue cozinhando em fogo alto até que o tomate perca a água. Em seguida, adicione o cordeiro novamente.

Banhe com o vinho e deixe reduzir. Cubra com o caldo de carne.

Adicione as batatas cacheladas (não cortadas) quando o borrego estiver tenro, e cozinhe até as batatas estarem cozidas. Rectifique o sal e a pimenta.

TRUQUE

Para um molho ainda mais gostoso, frite 4 pimentões piquillo e 1 dente de alho separadamente. Misture com um pouco de caldo do ensopado e adicione ao ensopado.

LEBRE CIVETA

INGREDIENTES

1 lebre

250g de cogumelos

250g de cenoura

250g de cebola

100g de bacon

¼ litro de vinho tinto

3 colheres de molho de tomate

2 dentes de alho

2 ramos de tomilho

2 folhas de louro

Caldo de carne (ou água)

Azeite de oliva

Sal e pimenta

ELABORAÇÃO

Corte a lebre e deixe a marinar durante 24 horas nas cenouras, alhos e cebolas cortadas em pequenos pedaços, vinho, 1 raminho de tomilho e 1 folha de louro. Decorrido o tempo, coe e reserve o vinho de um lado e os legumes do outro.

Tempere a lebre com sal e pimenta, aloure em lume alto e retire. Refogue os legumes em fogo médio-baixo no mesmo óleo. Adicione o molho de tomate e refogue por 3 min. Coloque a lebre de volta. Banhe com o vinho e o caldo até cobrir a carne. Adicione o outro raminho de tomilho e a outra folha de louro. Cozinhe até a lebre ficar macia.

Enquanto isso, refogue o bacon desfiado e os cogumelos cortados em quartos e acrescente ao refogado. À parte, esmague o fígado de lebre num almofariz e junte-o também. Cozinhe por mais 10 min e tempere com sal e pimenta.

TRUQUE

Este prato pode ser feito com qualquer animal de caça e fica mais saboroso se for feito de véspera.

COELHO COM PIPERRADA

INGREDIENTES

1 coelho

2 tomates grandes

2 cebolas

1 pimenta verde

1 dente de alho

Açúcar

Azeite de oliva

Sal e pimenta

ELABORAÇÃO

Pique, tempere e doure o coelho em uma panela quente. Retirar e reservar.

Corte as cebolas, os pimentos e os alhos em pedaços pequenos, e frite-os em lume brando durante 15 minutos no mesmo azeite onde foi feito o coelho.

Adicione os tomates cortados em brunoise e cozinhe em fogo médio até perderem toda a água. Rectifique o sal e o açúcar se necessário.

Adicione o coelho, baixe o lume e cozinhe durante 15 ou 20 minutos com o tacho tapado, mexendo de vez em quando.

TRUQUE

Abobrinha ou berinjela podem ser adicionadas à piperrada.

ALMOÇOS DE FRANGO RECHEADOS COM QUEIJO AO MOLHO DE CURRY

INGREDIENTES

500g de frango picado

150 g de queijo cortado em cubos

100 g de farinha de rosca

200 ml de creme

1 copo de caldo de galinha

2 colheres de caril

½ colher de farinha de rosca

30 passas

1 pimenta verde

1 cenoura

1 cebola

1 ovo

1 limão

Leite

Farinha

Azeite de oliva

Sal

ELABORAÇÃO

Tempere o frango e misture com o pão ralado, o ovo, 1 colher de sopa de caril e o pão ralado embebido em leite. Forme bolinhas, recheie com um cubo de queijo e passe por farinha. Frite e reserve.

Doure no mesmo azeite a cebola, o pimentão e a cenoura cortada em pequenos pedaços. Adicione as raspas de limão e cozinhe por alguns minutos. Adicione a outra colher de sopa de curry, passas e caldo de galinha. Adicione o creme de leite quando começar a ferver e cozinhe por 20 min. Rectifique o sal.

TRUQUE

Um acompanhamento ideal para estas almôndegas são os cogumelos cortados em quartos e salteados com um par de dentes de alho cortados em pequenos pedaços e regado com um bom esguicho de vinho do Porto ou Pedro Ximénez.

BOCHECHAS DE PORCO EM VINHO TINTO

INGREDIENTES

12 bochechas de porco

½ litro de vinho tinto

2 dentes de alho

2 alhos-porós

1 pimentão vermelho

1 cenoura

1 cebola

Farinha

Caldo de carne (ou água)

Azeite de oliva

Sal e pimenta

ELABORAÇÃO

Tempere e doure as bochechas em uma panela bem quente. Retire e reserve.

Corte os legumes em bronoise e frite-os no mesmo óleo em que foi frita a carne de porco. Quando estiverem bem escaldados, junte o vinho e deixe reduzir por 5 min. Adicione as bochechas e o caldo de carne até cobrir.

Cozinhe até as bochechas ficarem bem macias e bata o molho se não quiser que fiquem pedaços de legumes.

TRUQUE

As bochechas de porco levam muito menos tempo para fazer do que as bochechas de boi. Um sabor diferente é alcançado se no final uma onça de chocolate é adicionada ao molho.

SEDA DE PORCO NAVARRA

INGREDIENTES

2 pernas de borrego picadas

50g de banha

1 colher de chá de páprica

1 colher de vinagre

2 dentes de alho

1 cebola

Azeite de oliva

Sal e pimenta

ELABORAÇÃO

Corte os pernil de cordeiro em pedaços. Sal e pimenta e marrom em fogo alto em uma panela. Retire e reserve.

Refogue a cebola e os alhos finamente picados no mesmo azeite durante 8 min em lume brando. Adicione a páprica e refogue por mais 5 segundos. Adicione o cordeiro e cubra com água.

Cozinhe até reduzir o molho e a carne ficar macia. Umedeça com vinagre e deixe ferver.

TRUQUE

O douramento inicial é essencial, pois evita que o suco escorra. Além disso, proporciona um toque crocante e realça os sabores.

CARNE ASSADA COM MOLHO DE AMENDOIM

INGREDIENTES

750 g de carne morcela

250g de amendoim

2 l de caldo de carne

1 copo de creme

½ cálice de aguardente

2 colheres de molho de tomate

1 raminho de tomilho

1 raminho de alecrim

4 batatas

2 cenouras

1 cebola

1 dente de alho

Azeite de oliva

Sal e pimenta

ELABORAÇÃO

Pique, tempere e doure a morcela em fogo alto. Retire e reserve.

Refogue a cebola, os alhos e as cenouras cortadas em cubos pequenos em lume brando no mesmo azeite. Aumente o fogo e acrescente o molho de tomate. Deixe reduzir até perder toda a água. Regue com o conhaque e deixe o álcool evaporar. Adicione a carne novamente.

Amasse bem o amendoim com o caldo e coloque na caçarola, junto com as ervas aromáticas. Cozinhe em fogo baixo até que a carne esteja quase macia.

Em seguida, adicione as batatas descascadas e cortadas em quadrados regulares e o creme de leite. Cozinhe por 10 min e tempere com sal e pimenta. Deixe descansar 15 min antes de servir.

TRUQUE

Este prato de carne pode ser acompanhado por arroz pilaf (ver secção Arroz e Massa).

PORCO ASSADO

INGREDIENTES

1 leitão

2 colheres de banha

Sal

ELABORAÇÃO

Forre as orelhas e o rabo com papel alumínio para não queimar.

Coloque 2 colheres de pau em uma assadeira e coloque o leitão virado para cima, evitando que toque no fundo do recipiente. Adicione 2 colheres de sopa de água e leve ao forno a 180ºC durante 2 horas.

Dissolva o sal em 4 dl de água e pinte o interior do leitão a cada 10 min. Após uma hora, vire-o e continue pintando com água e sal até o tempo acabar.

Derreta a manteiga e pinte a pele. Aumente o forno para 200ºC e asse por mais 30 minutos ou até que a pele fique dourada e crocante.

TRUQUE

Não molho com o suco em cima da pele; isso faria com que perdesse sua crocância. Sirva o molho no fundo do prato.

JUNTO ASSADO COM REPOLHO

INGREDIENTES

4 juntas

½ repolho

3 dentes de alho

Azeite de oliva

Sal e pimenta

ELABORAÇÃO

Cubra os nós dos dedos com água fervente e cozinhe por 2 h ou até que estejam completamente macios.

Retire da água e leve ao forno com um fio de azeite a 220ºC até dourar. Temporada.

Corte o repolho em tiras finas. Cozinhe em bastante água fervente por 15 min. Ralo.

Enquanto isso, doure o alho fatiado em um pouco de óleo, adicione o repolho e refogue. Tempere com sal e pimenta e sirva juntamente com os nós dos dedos assados.

TRUQUE

Os nós dos dedos também podem ser feitos em uma frigideira bem quente. Doure-os bem de todos os lados.

COELHO CACCIATORE

INGREDIENTES

1 coelho

300g de cogumelos

2 copos de caldo de galinha

1 copo de vinho branco

1 raminho de tomilho fresco

1 folha de louro

2 dentes de alho

1 cebola

1 tomate

Azeite de oliva

Sal e pimenta

ELABORAÇÃO

Pique, tempere e aloure o coelho em lume alto. Retire e reserve.

Refogue a cebola e os alhos cortados em pedaços pequenos em lume brando no mesmo azeite durante 5 min. Aumente o fogo e acrescente o tomate ralado. Cozinhe até não sobrar água.

Jogue o coelho de volta e banhe-se com o vinho. Deixe reduzir e o molho está quase seco. Adicione o caldo e cozinhe junto com as ervas aromáticas por 25 minutos ou até a carne ficar macia.

Enquanto isso, refogue os cogumelos limpos e fatiados em uma panela quente por 2 min. Tempere com sal e junte-os ao refogado. Cozinhe por mais 2 minutos e tempere com sal se necessário.

TRUQUE

Esta mesma receita pode ser feita com carne de frango ou peru.

ESCALOPE DE CARNE A LA MADRILEÑA

INGREDIENTES

4 bifes de vaca

1 colher de sopa de salsa fresca

2 dentes de alho

Farinha, ovo e pão ralado (para a cobertura)

Azeite de oliva

Sal e pimenta

ELABORAÇÃO

Pique finamente a salsa e o alho. Combine-os em uma tigela e adicione a farinha de rosca. Remover.

Tempere os filetes com sal e pimenta e passe-os pela farinha, pelo ovo batido e pela mistura do pão ralado com os alhos e a salsa.

Pressione com as mãos para que o empanado grude bem e frite em bastante óleo bem quente por 15 segundos.

TRUQUE

Esmague os filés com um martelo para que as fibras se desfaçam e a carne fique mais macia.

COELHO ASSADO COM COGUMELOS

INGREDIENTES

1 coelho

250 g de cogumelos sazonais

50g de banha

200g de bacon

45g de amêndoas

600 ml de caldo de galinha

1 copo de vinho xerez

1 cenoura

1 tomate

1 cebola

1 dente de alho

1 raminho de tomilho

Sal e pimenta

ELABORAÇÃO

Pique e tempere o coelho. Doure em fogo alto na manteiga junto com o bacon cortado em palitos. Retire e reserve.

Nessa mesma gordura, refogue a cebola, a cenoura e os alhos cortados em pedaços pequenos. Adicione os cogumelos picados e cozinhe por 2 min. Adicione o tomate ralado e cozinhe até perder a água.

Junte novamente o coelho e o toucinho, e regue com o vinho. Deixe reduzir e o molho está quase seco. Adicione o caldo e adicione o tomilho. Cozinhe em fogo baixo por 25 minutos ou até o coelho ficar macio. Finalize com as amêndoas por cima e tempere com sal.

TRUQUE

Cogumelos shiitake secos podem ser usados. Eles adicionam muito sabor e aroma.

www.ingramcontent.com/pod-product-compliance
Lightning Source LLC
Chambersburg PA
CBHW071141080526
44587CB00013B/1698